图说海洋

世界闻名的100个海盗

武鹏程◎主编

海洋出版社
北京

图书在版编目(CIP)数据

世界闻名的100个海盗/武鹏程主编. —北京：海洋出版社，2018.4

（图说海洋）

ISBN 978-7-5210-0051-1

Ⅰ.①世… Ⅱ.①武… Ⅲ. ①海盗－历史－世界－通俗读物 Ⅳ. ①D59-49

中国版本图书馆CIP数据核字（2018）第046611号

图说海洋

世界闻名的

100个海盗

总 策 划：刘　斌

责任编辑：刘　斌

责任校对：肖新民

责任印制：赵麟苏

排　　版：海洋计算机图书输出中心　申彪

出版发行：海洋出版社

地　　址：北京市海淀区大慧寺路8号 (716房间)
100081

经　　销：新华书店

技术支持：(010) 62100055

发 行 部：(010) 62174379 (传真)　(010) 62132549
(010) 68038093 (邮购)　(010) 62100077

网　　址：www.oceanpress.com.cn

承　　印：北京朝阳印刷厂有限责任公司

版　　次：2018年4月第1版
2018年4月第1次印刷

开　　本：787mm × 1092mm　1/16

印　　张：14.5

字　　数：348千字

印　　数：1～4000册

定　　价：49.00元

前　言

看过电影《加勒比海盗》的观众无不为其中绚丽的人物场景、海盗们自由追逐财富的梦想而倾倒，想必更想了解历史上真实的海盗：他们是否有杰克船长那样的洒脱；海盗国是否真有伊丽莎白那样的美女；是否真的存在“不老泉”那样的宝藏？

翻开海盗的历史，人们惊奇发现：原来英国、荷兰等西方国家的海军与海盗有着非常紧密的联系；来自北欧的维京海盗曾令整个欧洲感到恐惧；有些海盗不爱金钱，他们更爱探索与冒险，格陵兰岛、德雷克海峡……这些新大陆由他们发现；让人更想不到的是东方海盗，居然能成为国家的君主。

海盗的生活，有刺激也有浪漫，有自由也有挑战。他们中有下场凄惨的基德船长，也有安享晚年的亨利·埃弗里；有凶狠暴戾的“黑胡子”爱德华·蒂奇，也有风度翩翩的“黑色准男爵”巴沙洛缪·罗伯茨……时光虽已远去，可这些大海盗的名字却永远留在了人类航海史中。

本书收集了世界上最为著名的 100 个海盗的故事，请跟随本书一起，徜徉文字再现的惊险故事，跟随海盗的人生起伏，寻找自己心中实至名归的海盗王。

本书由武鹏程任主编，参与资料及图片整理的还有李志飞、徐卫国、赵红洁、魏铭志、杨树洪、孙源龙、宋林林、李进军、王惠明、孙晋华等。

目 录

地中海海盗

欧洲海盗

加勒比海盗

阿拉伯海盗

印度洋海盗

东亚海盗

齊王田橫

地中海海盗

Pirates of the Mediterranean

《伊利亚特》中的希腊英雄

阿喀琉斯

阿喀琉斯是荷马史诗《伊利亚特》中参加了特洛伊战争的一个半神英雄，也是希腊联军第一勇士。阿喀琉斯作为一个半神在众多主神、大神的世界里都占有一定地位，其传奇色彩可见一斑。

阿喀琉斯是荷马史诗《伊利亚特》中一个半人半神的英雄，其母亲是海洋女神忒提丝，父亲是凡人英雄珀琉斯。

脚踝成为他的致命弱点

忒提丝作为海神涅柔斯和海洋女神多丽斯的女儿，拥有长生不老的神性，而她的儿子阿喀琉斯是半神血统，本来难免一死，可是忒提丝希望自己的孩子跟她一样不朽，为此她想了各种办法。

一次偶然的机会，她试着将孩子放到天火中熏烤，据说这样可以提炼他身体内的神力（还流传有另一说法，是将阿喀琉斯倒浸在冥河之中）。还是婴儿的阿喀琉斯，被母亲握着脚踝倒立于天火中，却被父亲发现，凡人之身的珀琉斯非常不理解妻子的行为，于是匆忙把孩子从火中抱出来，结果阿喀琉斯的全身都炼得刀枪不入，唯有脚踝，即忒提丝手握住的地方是例外，正因如此，后来脚踝成为了他的致命弱点。

阿喀琉斯感受到侮辱

特洛伊战争开始时同为希腊联军指挥官的阿喀琉斯与阿伽门农发生了争执，因为阿伽门农夺走了阿喀琉斯的战利品女奴布里塞伊斯，阿喀琉斯感到受到了极大的侮辱，并退出了战斗。

特洛伊战争刚开始时，胜利给了希腊士兵们信心，但未能持续太久，缺少阿喀琉斯指挥的希腊军，一度被特洛伊

[墓葬中出土的阿伽门农的黄金面具]

阿伽门农是希腊迈锡尼国王，希腊诸王之王，阿特柔斯之子。特洛伊战争的起因是他想称霸爱琴海，他的弟弟墨涅拉俄斯的妻子海伦被特洛伊的王子帕里斯拐走只是导火线，在战争中，他也成为希腊联合远征军统帅。

军打回岸边。无奈之下阿伽门农派人请求阿喀琉斯的原谅，请他指挥战斗，但阿喀琉斯仍然因为忌恨阿伽门农而不愿意参战。其好友帕特洛克罗斯不忍看见希腊军死伤惨重，穿上了阿喀琉斯的铠甲，假扮成他的模样出战，结果却被特洛伊的凡人英雄赫克托耳杀死，这才激起了阿喀琉斯的战意。

阿伽门农和门农并非同一人

阿喀琉斯之死

阿喀琉斯驾车来到特洛伊城下，与杀害挚友的赫克托耳决战，在决战中阿喀琉斯杀死了赫克托耳。不仅如此，他还杀死了特洛伊方美丽的战神之女彭忒西勒亚及实力与其并驾齐驱的黎明之子门农。

漂洋过海参加战争的阿喀琉斯杀敌无数，多次使希腊军反败为胜。

阿喀琉斯本已胜券在握，但太阳神阿波罗的出现使战局瞬间出现了逆转，阿波罗用神箭射中了他的脚踝，前文说过，脚踝是阿喀琉斯的致命之处，阿喀琉斯死后，特洛伊战争也随之结束。

◀ [黎明之子门农雕像]

门农：为黎明女神厄俄斯和特洛伊王子提诺托斯之子，在特洛伊战争中是特洛伊的同盟军。他与阿喀琉斯英勇搏斗，用矛、用剑，甚至用石头互相攻击，“像雄狮一样勇猛，像磐石一样坚定”，最终在命运女神的决定下，被阿喀琉斯挺枪刺中胸膛而死。

阿波罗为什么要杀死半神半人的阿喀琉斯?

首先，身为太阳神的阿波罗是罗马人的守护神，作为特洛伊城的“直接领导”不能无视阿喀琉斯的挑衅；

其次，在《荷马史诗》的其他章节中多次记载，希腊人（包括阿喀琉斯）在太阳神阿波罗的庙宇中做了冒犯阿波罗的事情。

基于此，阿波罗杀死阿喀琉斯就不难理解了。

墨丘利是罗马神话中宙斯和美艾的儿子。墨丘利手中的神器是一根神奇的魔杖。

墨丘利是一个商业之神，能够保护商业，使生意兴隆、财源广进。

▲ [墨丘利手执权杖雕像]

荷马时期的罗马海盗喜欢用墨丘利的权杖来装饰自己的船帆。

围攻特洛伊实际是掠夺行为

阿喀琉斯死了，希腊联军围攻小亚细亚特洛伊的战争也结束了，不少影视作品和传说记载着这场战争的起因是因为一位美女，但事实或许并非如此。

早在公元前 11 世纪到公元前 9 世纪，地中海上的贸易极为繁荣，因此靠抢劫为生的“海盗”出现了，当然，那时的海盗，并非只是海盗，而是会根据环境而改变的商人。

地中海上海盗的大肆抢劫对罗马帝国构成了严重的威胁，为了对付海盗，罗马人煞费苦心，派出了大量的军队和船只，可是海盗总是能够神出鬼没地躲过袭击。

小亚细亚沿岸多海湾，地中海东部多岛屿，是海盗的理想隐蔽场所。海盗们喜欢选择距繁忙的海上通道较近、隐蔽较好、石多水浅的地方作为基地。公元前 2 世纪末，在埃及法老拉姆谢斯三世的仆人的报告中，曾提到过海盗，他们在 100 多年间给埃及人的航海业带来巨大损害。

围攻特洛伊，或许可以理解成一次远征军事行动，其实质也是一次大规模的海上掠夺活动。登陆小亚细亚的希腊人一方面围攻特洛伊城，另外还有一部分人在沿海地区和海岛上烧杀抢掠。

最早的海盗活动

《伊利亚特》记录了特洛伊战争的过程，描写了阿喀琉斯等一批英勇的人物，正如恩格斯所指出的：“古代部落对部落的战争，已经开始蜕变为在陆地和海上为掠夺家畜、奴隶和财宝而不断进行的抢劫，变为一种正常的营生。”从这个角度理解，这些英雄人物或者是大批海盗的首领，由他们创造了最早的海盗活动。

▲ [《尤利西斯与塞王》，德雷帕作，1909年]

《奥德赛》里漂泊数年的海洋流浪汉

奥德修斯

闻名世界的《奥德赛》中的木马计是由奥德修斯贡献的，在特洛伊战争后的归途中，奥德修斯因刺瞎独目巨人波吕斐摩斯而触怒了海神波塞冬，被迫开始了长达10年的海上流浪。

▲ [奥德修斯雕像]

奥德修斯，希腊神话传说中的人物。罗马神话传说中称之为尤利西斯或尤利克塞斯。是希腊西部伊塔卡岛之王，曾参加特洛伊战争。出征前参加希腊使团去见特洛伊国王普里阿摩斯，以求和平解决因帕里斯劫夺海伦而引起的争端，但未获结果。

在阿喀琉斯死后，长达十数年的持久战仍在继续，希腊联军因为主帅的死与特洛伊陷入了僵持，这一切，随着一位智者的出现而改变，这位智者就是奥德修斯。他是希腊最聪明的英雄拉厄耳忒斯的儿子，也是伊塔卡岛之王。

得罪了海神波塞冬

奥德修斯贡献木马计攻陷特洛伊城后，率领同伴从特洛伊回国，途中因刺瞎独目巨人波吕斐摩斯，得罪了海神波塞冬，被他惩罚在海

[波塞冬雕像]

波塞冬为希腊神话中的海神、大地的震撼者，他的威严与大地无穷无尽的生命力及洪水相匹敌，被称为大海的宙斯，其地位和力量极高，支配力遍及全宇宙，是仅次于天父宙斯的强大掌权者。

上漂泊。奥德修斯不顾海神的咒语起航回家，他在海上漂泊的10年间经历了许多艰难险阻，比如：独目巨人吃掉了他的同伴；神女喀尔刻把他的同伴用巫术变成猪，又要把他留在海岛上；他也到了环绕大地的瀛海边缘，看到许多过去的鬼魂……

逃离塞壬女妖的魔音

传说中，塞壬女妖长着鹰的羽翼、美丽女子的面孔，她具有与神使赫尔墨斯的牧笛相媲美的歌声，她日日夜夜唱着动人的魔歌，引诱过往的船只，凡是听到她歌声的水手都会调转航向寻着魔音驶去，最后在那片暗礁密布的大海中触礁而亡。

奥德修斯想要回家，就必须经过那个传说中的塞壬岛，船上的水手们都非常惊恐，因为传说中从未有人活着离开过塞壬岛，随着与那个海岛越来越近，水手们甚至能够感觉到那些西西里岛海难者的灵魂伴随着即将来临的风暴在海面上舞蹈，那些灵魂飞舞着、诉说无边的苦海和美妙的歌声。水手们被这种恐怖的气氛压抑得全身战栗。

于是他们来请求奥德修斯：“伟大的奥德修斯啊，你是拥有神一般智慧的希腊勇士，请用你的智慧和勇气，带领我们离开这片阴森恐怖的不归之海吧！”奥德修斯握了握拳头，以此来驱除自己心头一闪而过的悸动，奥德修斯是不可战胜的，怎能为女妖的诱惑所吓倒？而后他命令水手们都用蜂蜡塞住耳朵，这

奥德修斯是怎么激怒波塞冬的？

奥德修斯在海上流浪时漂流到了一个小岛上，被独眼巨人波吕斐摩斯抓住，并且被关在了一个山洞中，波吕斐摩斯想吃掉奥德修斯。后来奥德修斯在山洞中称自己名字为“没有人”，并且用葡萄酒将波吕斐摩斯灌醉了，他刺瞎了独眼巨人波吕斐摩斯的眼睛，随后还在逃跑时羞辱了波吕斐摩斯，而波吕斐摩斯是海神波塞冬的儿子。

▲［《尤利西斯与塞壬》，沃特豪斯作，1891 年］

罗马神话中称奥德修斯为“尤利西斯”

◀［电影《特洛伊：木马屠城》］

由于特洛伊城池牢固，易守难攻，希腊军队和特洛伊勇士们对峙长达 10 年之久，最后英雄奥德修斯献上妙计，让希腊士兵全部登上战船，制造撤兵的假象，并故意在城前留下一具巨大的木马。特洛伊人高兴地把木马当作战利品抬进城去。当晚，正当特洛伊人沉湎于美酒和歌舞中时，藏在木马腹内的 20 名希腊士兵杀出，打开城门，里应外合，特洛伊立刻被攻陷，杀戮和大火将整个城市毁灭。

样就听不到塞壬美妙的魔歌，也就不会为之诱惑触礁而亡。

当船渐渐驶近，奥德修斯在桅杆上放眼望去，塞壬岛已经清晰可见。而奥德修斯，这个神一样伟大的人类，想亲耳听听塞壬女妖的歌声，他让水手们将他绑在桅杆上，然后挖出堵塞耳朵的蜂蜡。

塞壬女妖的魔歌响起，歌声穿透耳鼓，直抵奥德修斯的心灵。听着歌声，奥德修斯渐渐地看到了塞壬岛的浅滩。看到了一个浓密的睫毛微垂、眼中噙满泪水的女子；她诱人的双唇微张着，那摄人心魂的魔歌似乎正从那里飘逸出来。

听着听着，奥德修斯心里突然产生了一股抑制不住的欲望，想要奔到那岛上，与美丽诱惑的塞壬在一起。于是他在桅杆上挣扎晃动，并且大声地叫喊，想让水手们将他放下，但是水手们却什么也听不见，仍然奋力地摇桨前行。

塞壬的歌声越来越远，直到湮灭在广阔的天际。奥德修斯带领他的水手们，逃过了塞壬蛊惑的魔歌，平安地驶过了那片不归之海。而奥德修斯也是唯一一个穿越了自然与人类相结合的塞壬女妖动人魔歌的人类。

之后，奥德修斯还经历了许多磨难，

传说中塞壬是河神埃克罗厄斯的女儿，因与缪斯比赛音乐落败而被缪斯拔去双翅，使之无法飞翔，失去翅膀后的塞壬只好在小亚细亚和巴尔干半岛一带的海岸线附近游弋，有时会变幻为美人鱼，用自己的音乐天赋吸引过往的水手，用他们的身体果腹。

▲［塞壬的形象］
塞壬通常被描绘为长有翅膀的女人，而在上图中，则被描绘成有着鱼尾的形象。

塞壬（Siren）是指希腊神话中半人半鸟形的怪物，经常飞降在海中礁石或船舶之上，又被称为海妖。从外形上看，塞壬与人类并没有多大的差异，只是塞壬极为美丽，并带有许多邪气。她们拥有天籁般的歌喉，常用歌声诱惑过路的航海者，使航船触礁沉没，船员则成为塞壬的腹中餐。

二十年后，奥德修斯孤身一人回到了家乡，他带出去参战的士兵全部死在回家的旅途中，没有谁像他一样坚强地活下来。

这就是《奥德赛》中关于奥德修斯在海上的历险过程。

上好的希腊葡萄酒迷住了独眼巨人波吕斐摩斯，他竟然愚蠢地喝个精光，然后就昏睡过去，于是奥德修斯趁机弄瞎了他的独眼。暴怒的独眼巨人向奥德修斯扔了一块巨石，但由于眼瞎而没有砸中他。据说这个瞎眼巨人当时扔向逃跑中的奥德修斯的那块巨石现在还能见到，它有一半淹没在靠近埃特纳火山的大海中。

奥德修斯与阿喀琉斯一样，是一名海盗

相传《荷马史诗》的创作者是古希腊盲诗人荷马。史诗中的故事多为神话传说，但仔细研究之下不难发现，奥德修斯与阿喀琉斯一样，是一名海盗。

书中第九卷至第十二卷描写了奥德修斯的第一战发生在地中海沿岸的伊斯马罗斯城，他洗劫了这座城市并引以为荣地夸耀道："离开特洛伊之后，海风把我推到了基科涅斯人的伊斯马罗斯城堡，我捣毁了它，并杀了众多的市民，得到他们的妻子和数不清的财富。"驱使着舰船航海，沿途攻城略地，劫掠财富，这不正是赤裸裸的海盗行为么？

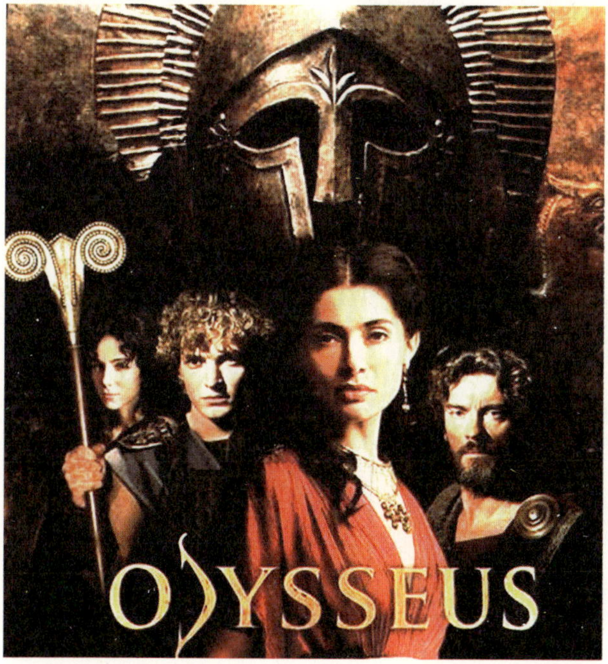

▲ [《奥德修斯》剧照]

▲ [荷马雕像]

荷马是古希腊盲诗人。相传他记述了特洛伊战争，以及关于海上冒险的故事。代表作《荷马史诗》（分为《伊利亚特》和《奥德赛》两部分），在很长时间里影响了西方的宗教、文化和伦理观。

存在于“米诺斯之牛”中的海盗

塔拉索克拉基

克里特岛因“米诺斯之牛”而闻名世界，当希腊文明走进铁器时代，贸易极速发展，造船业使爱琴海沿岸繁荣起来，这也吸引了海盗的注意。

▲ [米诺斯的工艺品]

克里特岛位于爱琴海最南面、地中海中部、欧亚非三大洲之间。它是爱琴海上最大的岛屿，著名的米诺斯文明就诞生于此处。

“米诺斯之牛”

据希腊神话中记载，在很久以前，米诺斯国王为了巩固自己在海上的霸主地位，许诺送给海神波塞冬一头美丽的公牛，后来却因为公牛长相太美而食言反悔。波塞冬一怒之下，便让米诺斯的王妃爱上了这头公牛，并生下了一个牛头人身的怪物，人称“米诺斯之牛”。

在人们看来，关于米诺斯的传说比《荷马史诗》中的特洛伊战争更加令人难以置信。

“海上之王”的米诺斯王国

1900年，英国考古学家阿瑟·伊文斯主持发掘了米诺斯城，在克里特岛上发现了克里特文明时期的大型宫殿、城邦，这一切都证明了米诺斯王国的存在。

▲ [米诺斯岛]

爱琴海文明由米诺斯文明（又称克里特文明）和迈锡尼文明组成。

▲ [米诺斯的线形文字]

▲［米诺斯迷宫遗址］

米诺斯迷宫遗址，为了保护文物，如今展出的许多壁画多为仿制品。

公元前1700年至公元前1450年是克里特文明的繁荣时期，米诺斯王朝不仅统治克里特岛，还包括基克拉迪斯群岛。米诺斯王国之所以如此繁荣昌盛，是由于其优越的地理位置使之成为地中海贸易的中心。一方面，造铁技术飞速发展，迅速提升了造船业的水平；另一方面，米诺斯王朝首都克诺索斯有8万人口，加上海港共有10万人以上。如此繁华的城市，不可能不引起海盗的注意。为此，被誉为“海上之王”的米诺斯国王组建了一支规模庞大、装备正规的海军。在这支强大的海军面前，游寇一般的海盗不堪一击，盛行一时的古希腊海盗遭受到了有史以来最沉重的打击。

“塔拉索克拉基”

米诺斯国王本身就是海盗出身，对海盗的方方面面都十分熟悉，他一方面从事海盗业，另一方面为了维护自身利益，镇压海盗，他总是能够击中海盗的要害，再加上舰队的帮忙，当时的海盗对米诺斯国王是既惊又惧，闻风丧胆。经过多年的血拼厮杀，米诺斯国王终于称雄爱琴海，成了一方霸主。爱琴海诸岛的小邦国、部落纷纷向米诺斯国王称

克诺索斯有一位伟大的雅典艺术家、雕塑家及建筑师德达鲁斯，他为国王米诺斯修建了一座著名的迷宫，这就是米诺斯王宫，宫中通道交错，无论谁只要一走进去，就再也找不到出口。

臣，雅典也得向他纳贡。海盗活动也被他狠狠地压了下去。为了防止海盗活动再次猖獗，他甚至明令出海的船只乘员不得超过5人。因此，人们把米诺斯国王称为“塔拉索克拉基”，即“海上统治者”或“海之王”。只是在这位雄霸四方的统治者死后，海盗活动又肆无忌惮地泛滥起来。

传奇与英雄史诗

在古希腊那个遥远的年代，因为土地的贫乏，以及临海而居的便利，古希腊人把“下海”寻求生计的男子称为“海盗”，它并不是一个贬义词，反而包含着荣耀的意味。无论是《荷马史诗》，还是其他古希腊神话，它们都影射了古希腊城邦时代的历史真相。通过对这些珍贵史料的研究，古代地中海文明重现在我们面前。那是一个海盗盛行的时代，海盗们在大肆掠夺的同时，也书写了一个时代的传奇与英雄史诗。

◀［萨摩斯岛毕达哥利翁古城遗址］

这里有许多公共建筑物、一架水陆桥、几间罗马浴室、下水道系统、神殿和庙宇、一个市场、几间居民房和一个体育健身室。

海盗的印迹：毕达哥利翁

波利克拉特斯

爱琴海上有众多的小岛，在为古代航海提供方便的同时也为海盗提供了有利条件。在当时的爱琴海地区，亦商亦盗的现象非常普遍。萨摩斯岛的波利克拉特斯就是这样一个古希腊的僭主，明面上他组织自己的船队进行海上贸易，暗地里却不时干着海盗的勾当，一旦瞄准时机，他的商业船队就变成了海盗舰队，疯狂地从事海上劫掠。

波利克拉特斯是古希腊一个著名的僭主，是公元前 6 世纪萨摩斯岛的统治者（大约前 538 年开始统治，前 522 年去世）。

波利克拉特斯平息兄弟纷争

波利克拉特斯有两个非常精明强干的哥哥，在同外族人的争斗中，他们占领了萨摩斯岛，但很快他们就为了各自的利益反目成仇。就在他们战斗的节骨眼上，波利克拉特斯乘机杀死了其中一个兄弟，而另一个兄弟则被他驱逐出岛。

波利克拉特斯暗中干着海盗的勾当

当时的爱琴海，亦商亦盗的现象非常普遍。波利克拉特斯就是其中的代表人物之一。表面上，他尊重法律，乐善好施，慷慨大方，利用自己的商业船队

毕达哥利翁原名“蒂加尼”，为纪念诞生在岛上的著名数学家、哲学家毕达哥拉斯，蒂加尼改名为“毕达哥利翁”。它是一个古老的要塞，有着希腊和罗马建筑以及壮观的隧道和高架渠，后来逐步发展为古希腊时代萨摩斯的中心城市。

▲［萨摩斯隧道遗址］

在古希腊工程中，萨摩斯隧道在很长的时间里鲜为人知，或许是因为该隧道建于地下而被人们遗忘了。直到 19 世纪，它才重新被发现。大约在公元前 525 年，萨摩斯隧道建于希腊的萨摩斯岛上。隧道有 1040 米长，直径为 2 米，穿过一座达 100 米之长的山坡。

循规蹈矩地从事海上贸易，暗地却贪得无厌，千方百计为自己聚敛钱财，不时干着海盗的勾当，一旦瞄准时机，他的商业船队就变成了军事舰队，疯狂地利用良好的武器装备从事海上劫掠。当碰到有的商船难以下手时，他便向过往的船征收沉重的贡税。

波利克拉特斯把萨摩斯岛上的权力统统集中在自己手里，仗着自己拥有一支由百艘舰船组成的庞大舰队，在爱琴海上横冲直撞，令所有过往的海船望风而逃。

建造了萨摩斯隧道

作为萨摩斯岛的统治者，波利克拉特斯的野心和抱负最为突出的表现，就是下令建造了如今成为希腊历史遗产一部分的萨摩斯隧道。古代希腊的地理概念远比今天广泛，它包括希腊半岛、爱琴海诸岛、小亚细亚西部沿海地区、爱奥尼亚群岛四个部分。

当时在波利克拉特斯的城市围墙内没有水井。他清楚地意识到，如果自己的城市遭到攻击，他将无法抵挡。于是波利克拉特斯命令开凿一条隧道，将水从山的另一侧引到自己的首府。

波利克拉特斯认为，在他的城市受到敌人围攻时隧道将能挽救城市。但是这只有在远处的隧道入口加以隐蔽并严守秘密的情况下才行得通。一旦敌人知道了隧道入口，他们就能切断供水，并利用通道作为入侵之路。公元前 439 年，雅典人正是这样攻击并洗劫了波利克拉特斯的城市。如今，人们仍然可以参观萨摩斯隧道，它几乎保存完好。

▲［保留不全的“KanÉn”的塑像］

[萨摩斯岛－赫拉神庙遗址]

在希腊神话中，萨摩斯岛是赫拉的出生地。赫拉神庙在历史上修建过多次：
第一座神庙修建于约公元前750年，在约公元前670年时因洪水被毁，之后神庙很快得到重建。
第三座神庙则修建于公元前570年，规模远超过之前的神庙，但在公元前540年时被毁。
第四座神殿最后未能完成。现在赫拉神庙仅留有一根柱子。

波利克拉特斯的统治

波利克拉特斯属于富裕的工商业奴隶主阶层，从自身利益出发，更是竭力推行有利于工商业奴隶主的政策。为了把更多的平民吸引到自己城市的周围，他在萨摩斯岛修建了许多宏伟的建筑物，最有名的是雄伟壮丽的赫拉神庙和供全城用水的纵横交错的水道，这位僭主因此闻名全希腊。

因他提倡文艺，还被艺术家和诗人誉为恩主。波利克拉特斯命人雕刻了一尊名为“KanÉn”的塑像，以此作为人体艺术的摹本。他组建了拥有百艘军舰的半商半海盗式的舰队，称雄于东爱琴海并敢于和波斯抗衡，从而提高了萨摩斯的政治地位。

被活活折磨致死

波利克拉特斯的独裁统治并不长久，公元前522年，波斯的一个行省总督奥罗特斯担心波利克拉特斯管理的萨摩斯富裕和强大后，会对其统治构成威胁，便设法把波利克拉特斯诱骗到了土耳其西部的玛格尼西亚，然后把他钉在十字架上，将其活活折磨致死。

波利克拉特斯在世之时，爱琴海上的许多海盗不敢与之对抗，纷纷流窜到别的地方行盗。直到他死后，这些人又杀将回来，地中海东部的海盗活动又活跃起来。而萨摩斯也日渐衰微，不久便落入波斯手中。

弗里斯兰人的英雄

皮尔格罗夫多尼亚

弗里斯兰人是北海海岸一个日耳曼部族的后裔，流传着各种各样关于海盗的传说和神话。在这些传说和神话中暴力主宰了历史。这也赋予北海海岸人独特的性格，皮尔格罗夫多尼亚就是其中典型的代表。

▲［皮尔格罗夫多尼亚雕像］

在皮尔格罗夫多尼亚家乡的码头立有他的雕像。雕像脚下的文字，读作弗里西亚“Grutte Pier”。

皮尔格罗夫多尼亚是一个15世纪时期的农民，他所在的村庄遭到了神圣罗马帝国的洗劫，在妻子被强暴、杀害之后，带有一子一女的他便开始了海盗生涯。

体型巨大的皮尔格罗夫多尼亚被称为“大墩头”，他使用的武器是一把长达7英尺（2.1米）的长剑，重约14.6磅（6.6千克）。

为了替妻子报仇，皮尔格罗夫多尼亚自发组织民兵建立了“海上黑帮”，一有机会就会找神圣罗马帝国的麻烦。神圣罗马帝国为了能够全面瓦解皮尔格罗夫多尼亚的“非法组织”，派出很多的潜伏者，但皮尔格罗夫多尼亚想到了一个绝佳的主意来分辨来人，那就是让他们说一句话：Bûter, brea en griene tsiis: wa't dat net sizze kin, is gjin oprjochte Fries。大概的意思是：“黄油，面包和绿奶酪。如果你说不出来，你就不是一个真正的弗里斯兰人。”很明显这句话对于一个荷兰人或者德国人来说要做到准确发音非常困难。

皮尔格罗夫多尼亚是一位谨慎的海上战略家，擅长俘获敌船，大约有100多艘船只落入他手。许多被俘获的商船经过改装后都成为了他不断扩大的海盗船。原先皮尔格罗夫多尼亚下定决心要为弗里斯兰人争取独立，但是后来他与其他领导人起了争执，放弃了独立事业。1519年，仅在征战4年之后他就退休了，并平和地度过了余生，直到在睡梦中死去。

海上萨拉丁

巴巴罗萨·海雷丁

巴巴罗萨·海雷丁原是希腊人，天纵奇才，虽是海盗，却能保卫自己的国家，在大海上与敌人厮杀一生，且没有被打败过。

▲［巴巴罗萨·海雷丁］

海雷丁是一个伟大的海盗王，虽然身为海盗，但却始终坚信真理。他专抢基督教国家的船只，他为了保卫自己的国家，在大海上与敌人厮杀一生且没有被打败过。他让时代记住了这个名字：海雷丁。他所一手创造的时代，是一个属于大海盗的时代。

兄弟四人各自发展

海雷丁生于1478年，一共有兄弟4人，他们的父亲是陶工，虽然做着与海洋关系不大的营生，但家里却买了一艘船，当然也只是为了运货之用。兄弟4人逐渐长大后，就未来的职业进行了分配：老大以撒克继承了父亲的衣钵，没有出海；老二阿鲁吉和最小的伊拉亚斯结成一伙，海雷丁则自起炉灶。兄弟三人虽然并未一起发展，但都是从水手做起，转而成了海盗，从事私掠活动，与罗德岛上的圣约翰骑士团分庭抗礼。阿鲁吉两人主要活动于叙利亚、安纳托利亚和埃及等地，海雷丁则在爱琴海发展。

获得北非苏丹准许的海盗行为

兄弟三人的海盗事业进行得风生水起，在一次从的黎波里返回黎巴嫩的途中，阿鲁吉的船队遭到圣约翰骑士团的攻击，结果弟弟伊拉亚斯战死，他本人则受伤被俘，并被关押在位于博德鲁姆的监狱里，海雷丁得知消息后，前去救

1538年，率领土耳其帝国舰队的海雷丁和意大利与西班牙联合舰队在雅典附近的海域展开了激战。结果意大利和西班牙联合舰队全灭。

从此没有人能够阻止海雷丁在地中海的势力了，这个时候是海雷丁最辉煌的年代，历史上称作“大海盗时代”。

◀ [巴巴罗萨兄弟]

出了哥哥。

之后的海盗生涯，阿鲁吉先后获得了土耳其王子和马穆鲁克苏丹的赏识并获得船只支持。1503年，他与兄弟海雷丁合伙行事，获得北非苏丹的准许，以拉古莱特港口作为基地进行海盗活动，所得的三分之一归苏丹所有。

各路海盗纷纷加入，阿鲁吉成为新一代苏丹

因为他们专门抢劫基督教货船，不少来自教皇领地的船遭了殃，甚至有军舰也被他们俘虏，上面满载着来自阿拉贡的380名西班牙士兵和60名骑士；随后，他们又袭击了意大利的卡拉布里亚海岸，这些成就让他们名声大噪，许多有名和没名的海盗以及伊斯兰海盗纷纷加入其麾下。

也许是看着兄弟的海盗生意太红火了，老大以撒克也于1509年赶来投奔，兄弟三人在1510—1516年间，多次与西班牙军队发生冲突，并从他们手中夺取了吉杰利和阿尔及尔，同时也赶走了这里原来的统治者，成为了阿尔及尔一带真正的统治者，阿鲁吉成为新一代苏丹。

投靠奥斯曼土耳其帝国

阿鲁吉明白，单靠他们兄弟几个是无法长期与西班牙对抗的，他们需要一个强大的靠山。于是，他选择了奥斯曼土耳其帝国。

这成为他们事业的转折点，1517年，阿鲁吉废除了自己的苏丹称号，并将阿

海雷丁的墓位于博斯普鲁斯海峡的金角湾。每一艘经过此处的土耳其船只都会降帆鸣号，向他致敬。这是世界海盗史上空前绝后的殊荣。

尔及尔奉送给谢利姆一世。土耳其苏丹接受了这份礼物，将阿尔及尔设为行省，任命阿鲁吉为当地长官并统领西地中海的海事，同时为他提供军事物资。有了强大支持的阿鲁吉，更加猖狂地抢夺西班牙人的船只。

海雷丁继承了哥哥的财富及事业

西班牙人命令特莱姆森和奥兰的军队由陆路进攻阿鲁吉，但遭到失败，而且特莱姆森也落入了阿鲁吉的手中。盛怒之下的西班牙人，于1518年5月派出一万多军队并联合当地的贝多因人再次发起了更猛烈的进攻，阿鲁吉与哥哥以撒克率领1500名土耳其人及5000名摩尔人在特莱姆森抵抗了20天，最终不敌被杀。从此，海雷丁继承了哥哥的财富及事业，包括巴巴罗萨这个名字。

继续进犯西班牙

1529年5月，海雷丁攻下了阿尔及尔港外佩农岛上的西班牙城堡，彻底控制了整个阿尔及尔港口。同年8月，他攻击了西班牙的地中海沿岸并连续七次帮助7万名摩里斯科人从安达卢西亚逃脱。

成为土耳其的海军元帅

当时西班牙想要夺回阿尔及尔，结果去讨伐海雷丁的西班牙舰队几乎全军覆灭，西班牙为了保存实力便放弃了阿尔及尔。之后海雷丁在阿尔及尔建立了可以媲美国家的海盗舰队，奥斯曼大帝对海雷丁的表现很满意，他任命海雷丁为奥斯曼土耳其的海军元帅、北非的首席长官，罗德岛、埃维厄岛、希俄斯岛也归他管理。

海平面上的怒吼从何而来？是不是巴巴罗萨的船队正在返航，从突尼斯、阿尔及尔或者什么岛上？两百艘船只乘风破浪，岸上升起新月灯光。哦，被祝福的船只，你们从哪片海洋来航？

——巴巴罗萨·海雷丁墓前的诗歌

▲ [巴巴罗萨·海雷丁雕像－伊斯坦布尔海军博物馆]

海雷丁不断地蚕食

从 1539 年的夏天开始，海雷丁不断地蚕食、骚扰威尼斯的领土，迫使其在 1540 年 10 月与奥斯曼土耳其签订和平协议，承认土耳其的领土获取并支付赔偿金，海雷丁不断带领他的军队东征西讨，成就他的英雄事迹。

海雷丁的一生，是英雄的一生。为了保卫自己的国家，在大海上与敌人厮杀一生，且没有败迹。他让时代记住了这个名字：海雷丁。他所一手创造的时代，是一个属于大海盗的时代。

马耳他之围

德拉古特

著名的马耳他海战，怎么都绕不开马耳他首都瓦莱塔，此城也叫“圣约翰骑士团之城”，“瓦莱塔”就是以当年指挥马耳他保卫战的骑士首领让·德拉·瓦莱塔的名字命名的。这个有着近500年历史的古老城市，始建之初是和十字军东征中的圣殿骑士团及大海盗德拉古特联系在一起的。

德拉古特出生在博德鲁姆附近的一个村庄，在亚洲的博德鲁姆半岛西部的小爱琴海岸。在他12岁的时候由于擅长使用长矛和箭的非凡天赋，他被奥斯曼军队征募并成为一名熟练的水手和优秀的射手，他还是一个训练有素的炮兵和攻城战的高手，这使德拉古特在后来成为了一个出色的海军战术家。

圣殿骑士团全名为“基督和所罗门圣殿的贫苦骑士团”，是中世纪天主教的军事组织，是著名的三大骑士团之一。其成员称为“圣殿骑士”，特征是白色长袍绘上红色十字。他们是十字军中最具战斗力的一群人。

▲［瓦莱塔］

拥有了一艘帆船

1517年，德拉古特参加了在埃及的战争，土耳其大获全胜。后来德拉古特去了亚历山大市，加入了船队开始他的职业水手生涯。他很快成为海盗船上最受欢迎的船员。德拉古特很快掌握了航海技能，经过几次战役后，他成功地拥有了一艘帆船。

德拉古特将大炮安装在自己的帆船上，开始了在东地中海的抢劫，特别是针对在威尼斯航线上来往穿梭于爱琴群岛之间的商船。德拉古特很快就有了自己的小桨帆船队。1526年，德拉古特被奥斯曼帝国任命守护西西里岛要塞。在1526—1533年间，他多次登陆西西里王国和那不勒斯王国的港口，拦截了在西班牙和意大利之间航行的船只，捕获了其中的许多船只。

▲ [马耳他城楼大炮]

圣殿骑士团被迫离开圣城耶路撒冷

1095—1291年，西欧共发动了8次针对地中海东岸国家的远征，前后历时将近200年。圣殿骑士团在十字军东征中成立。1522年，根据基督徒和伊斯兰教徒的协议，圣殿骑士团被迫离开圣城耶路撒冷。他们先是栖身于罗德岛，在被土耳其人赶走后，又陆续转到的黎波里等地。从1530年开始，他们移居并隐蔽在马耳他岛这个天然良港，土耳其人仍步步紧逼，圣殿骑士团和其积怨甚深，便不时地对土耳其人进行骚扰和袭击。

历史上的马耳他可谓多灾多难，由于其地理位置处于地中海的中心，扼大西洋通往地中海东部和印度洋海上交通要冲，自古以来为兵家必争之地。2000多年以来，曾相继被腓尼基人、罗马人、阿拉伯人、诺曼人、西班牙人、圣约翰骑士、法国人、英国人等许多国家异族统治过。直到1964年，马耳他才获得独立。

▲［“神秘岛”基督山］

在13世纪，本笃会的修道士在神秘岛上修建了圣玛窑利安修道院，靠着几大家族的捐赠积累了巨大财富。1553年，德拉古特将修道院洗劫一空，据说他后来将抢来的财宝埋藏在岛上某个地方。也有传言说土耳其的红胡子海盗将多年来打劫到的不义之财也藏在了这座岛上。

这种不断的骚扰和袭击，也激怒了土耳其人。

出兵清剿圣殿骑士团

1565年，奥斯曼帝国决定对这股骑士团进行清剿。总共派出了约3万余人的军队，海盗舰队也奉命前去援助。奥斯曼帝国大军的统帅是彼阿里巴夏，海

[圣殿骑士团]

圣殿骑士团成立的初衷是为了保护朝圣者、圣地及耶路撒冷各个大要塞的安全。他们大多由基督教骑士组成，他们将苦行僧的戒律以及骑士的侠义精神合二为一，身穿锁环连成的盔甲，披着军服似的斗篷，看上去威风凛凛。他们的盾牌以黑和白来装饰，还有一个白底的红十字，骑士们用这个标志，提醒自己曾在上帝面前发过甘于贫穷的誓言。

盗舰队由德拉古特率领，约有数千名海盗。骑士团的首领是法国大公让·德拉·瓦莱塔，双方人数如此悬殊，看来骑士团注定要遭灭顶之灾了。

面对奥斯曼帝国的大举入侵，令所有人意外的是，当时守卫岛上的以瓦莱塔为首的圣殿骑士团的骑士们同岛上的居民一起奋起反抗，迎头痛击入侵者。激战中，圣殿骑士团的每一名骑士都拼尽全力，为骑士的荣誉而战。他们以一当十，与奥斯曼帝国军队进行了拼死的抵抗，双方战斗极其惨烈。

奥斯曼帝国的海军们惊呆了，就连视死如归的海盗，面对着个个有如神助的骑士们，也渐渐觉得有些“英雄气短”。战斗陷入僵持状态，双方竟无法分出胜负。

这时，奥斯曼帝国大军的统帅彼阿里巴夏命令德拉古特率领的海盗舰队去进攻马耳他岛上的一个要塞。德拉古特又一次低估了“骑士”的力量。要塞的守卫者誓与要塞同生死。海盗们围攻达6个月之久，仍然不能把要塞拿下。无奈之下，德拉古特不得不向奥斯曼帝国的统帅请求援助。然而，土耳其海军早已被瓦莱塔的守卫者所牵制，无法给海盗派来援军。眼看力量即将消耗殆尽，失去耐心的德拉古特冒险下令发起最后的进攻。为了保证胜利，他亲自到前线督战。意想不到的事发生了，他被炮弹击中而死。德拉古特的死使地中海所有的海盗丧失了斗志。

这一战成了欧洲历史上著名的战役——“马耳他之围”。

德拉古特虽然死了，但他被称为“所有时代最伟大的海盗勇士”，无疑是地中海的无冕之王。

地中海西岸海盗

埃尔南·科尔特斯

有着军事才华的埃尔南·科尔特斯，攻占了阿兹特克，入侵了玛雅文明，传播了天主教的思想，并利用钩枪和骑兵完全征服了墨西哥。

埃尔南·科尔特斯（1485 年—1547 年 12 月 2 日），出生于西班牙，是一位西班牙军事家、征服者。

▲［埃尔南·科尔特斯］

当时印第安人的武器难以刺穿西班牙人的铠甲；西班牙人可以对欧亚大陆上几千年来战争的经验进行研究，而印第安人没有文字（玛雅文字使用范围极窄）；西班牙人的火器虽然杀伤力不大，但很有威慑力。

埃尔南·科尔特斯出生于卡斯蒂利亚王国的小镇麦德林（位于现今西班牙西部埃斯特雷马杜拉境内）的一个西班牙小贵族家庭。他曾在萨拉曼卡大学学习法律。在 17 岁时他弃学从军，随后在 1504 年来到西印度群岛的伊斯帕尼奥拉岛。科尔特斯曾经在岛上做过农民和公证员，后来成为当地乡绅。

1511 年，他加入到出征古巴的行列中。他听说墨西哥的一些城市拥有巨大的财富，充满了黄金和珠宝。在这类传闻的驱使下，他于 1519 年 4 月，率领船舰和军人在墨西哥东海岸登陆，入侵阿兹特克帝国。

据历史记载当时科尔特斯率领的军人不到 1000 人，然而却在不到 5 年的时间内征服了拥有 1500 万人的阿兹特克帝国。他利用印第安人的内部矛盾，传播天花，用他们从没见过的火绳钩枪和骑兵顺利征服了整个墨西哥。科尔特斯还在墨西哥城传扬天主教的思想，阿兹特克人误把白人当作传说中的白皮肤神。

欧洲海盗

Pirates of Europe

第一个冰岛定居者

英格尔夫·阿尔纳尔松

维京人的社会风气促成了海盗的产生与发展，而由于家庭持续扩大生育，使人口压力日益增加，不断有人出海寻找出路，他们凭借胆识与娴熟的航海技术穿梭于大海之中，在欧洲各地展开贸易，逐渐贸易已不能满足维京人的需求……

维京人过着家族生活，父母、子女、祖孙、姑侄生活在一个屋檐下，为扩大家族规模而持续无序地生育，带来了日益严峻的人口压力，迫使维京人出海寻找出路。这些维京人凭借勇敢的胆识与娴熟的航海技术穿梭于大海，在欧洲各地进行贸易。在长久的贸易航行中，他们积累了丰富的航海与地理知识，为他们海盗事业的开展提供了保证。

公元874年被挪威国王驱逐的部落首领英格尔夫·阿尔纳尔松听说在大西洋有一个新的岛屿（即冰岛），他带着勇敢的族人和奴隶一起向冰岛航行，并最终到达冰岛。

在此期间，他沿途征服并掳掠了一些奴隶用来划桨和战斗。他的兄弟"宝剑莱夫"掳来的爱尔兰奴隶谋杀了他。英格尔夫追捕了他们，并在韦斯特曼纳群岛的无名岛将他们杀死。该岛屿因为这个事件被命名为西人岛。

英格尔夫将冰岛一处有自喷温泉的地方命名为雷克雅未克（冒烟的峡湾）。三年后，英格尔夫在雷克雅未克立起王座的柱子。此后来自挪威，间或亦有来自爱尔兰的移民不断来到冰岛谋生。10世纪前期，冰岛历史上的移民时期结束。

英格尔夫·阿尔纳尔松和他的妻子海尔维格是公认的最早的来自北欧的永久定居冰岛者。

▲［冰岛首都雷克雅未克纪念海盗的雕塑］

英格尔夫这个名字，类似于阿道夫（Adolf）"贵族的狼"的含义，可译为"国王的狼（royal or kingly wolf）"。

宝剑莱夫

莱夫·赫劳兹马尔松

莱夫是维京人对冰岛拓殖的开拓者，他的武器是一把从教堂中抢来的巨大宝剑，因而被称为“宝剑莱夫”。他带着海盗船队烧杀掠夺，最后也死在自己劫持来的奴隶手中。

公元874年，几名年轻的姑娘遭到了挪威海岸海盗头领儿子的侮辱，虽然这种事情并不少见，但却惹怒了莱夫，因为这几名姑娘中也包括莱夫的未婚妻。

▲［莱夫·赫劳兹马尔松］

为了报仇，莱夫和他的兄弟英格尔夫一起，杀掉了海盗头领的儿子，这为他们惹来了大祸。海盗头领一方面命令海盗杀死莱夫和英格尔夫，一方面用武力威胁挪威国王，并扬言要伙同大批海盗，不断地骚扰甚至进攻挪威沿海。挪威国王下令将莱夫他们驱逐出境。

无奈之下，英格尔夫和莱夫只能逃离挪威，但去哪儿呢，这是一个问题。这时候他们想起了一个流传于海盗之间的美丽传说。这个传说是十几年前由两名迷了路的海盗带回来的，据说大西洋中有个叫冰岛的岛屿，那是一片富庶的土地，甚至“每片草叶上都流淌着黄油”。

莱夫和英格尔夫带着幻想起航了，在经过一番惊险航行之后，他们如愿到

▲［维京人宝剑］

达了冰岛。当时的冰岛上除了几名隐居修行的修道士之外，还没有人宣称对这座荒岛有占有权。于是莱夫和英格尔夫在这里搭建起了简单的木棚，兄弟两人还分了工，由英格尔夫负责全族人的迁徙工作，而莱夫则去负责“筹集”一些必不可少的生活物资。

莱夫获得了宝剑

莱夫去了爱尔兰，他从一家修道院里弄到了一把巨大的宝剑，据说这把宝剑是从圆桌骑士时代流传下来的宝贝，莱夫手持这把宝剑，就如同传说中的魔鬼一样，烧杀抢掠，抢到了不少好东西，他虽然并未遇到什么像样的抵抗，但宝剑的传说，加上莱夫的手段足够让人害怕了。为了能够更好地开发荒芜的冰岛，莱夫他们需要更多的人手，于是他捉到了10个爱尔兰人，并强迫这些人成为了奴隶，把他们带到了冰岛上。

“宝剑莱夫”之死

当时的冰岛寸草不生，满眼都是火山熔岩组成的地面，而且缺少耕牛开垦土地，莱夫就强迫那几个爱尔兰人充当耕牛的角色。这些奴隶的生活不比耕牛好多少，因为他们会和耕牛一起犁地，甚至和耕牛一起吃住。这些举动极大地侵犯了这些爱尔兰人的尊严，于是他们密谋杀死莱夫。

奴隶们先是杀死了耕牛，然后欺骗莱夫说是被熊杀死的，莱夫相信了他们，并准备猎捕那只不存在的熊。爱尔兰人将他诱骗到了一个山谷，然后杀死了他。莱夫这个无恶不作的海盗头子就这样被几个奴隶杀死了。

莱夫的身上有着维京人天生的冒险与勇敢精神，莱夫死后，他的兄弟英格尔夫为他报了仇，并永久地居住在了冰岛，他将那里称作“雷克雅未克”。

▼［冰岛］

▲ [《维京传奇》剧照]

剑是维京人最为尊崇的兵器。在维京人看来，将家族的剑代代相传是一件极为重大的事情。如果一把剑在某次家族争斗中被某位伟大的战士或贵族使用过，该剑就具有更高的价值，人们认为这能使剑身充满特殊的力量。

海盗国王

哈拉尔德

身处寒冷而神秘的北欧地区，一群头戴兽角盔，身披兽皮，手执铁矛、铁剑的海盗，劈波斩浪，一路南下，大规模地袭扰和掠夺大西洋东岸地区，他们犹如幽灵一般，盘旋在法兰克王国沿海地区，这一群人被称为维京海盗。

北欧地区，一直被寒冷笼罩，有些人因为触犯法律不得不漂泊海上，成为海盗，靠抢劫为生。随着哈拉尔德帝国版图的增大，有组织的海盗船队靠着抢劫，不断成就着挪威国金发王的野心。

10岁的哈拉尔德继承王位

根据挪威古代传说，挪威国王金发王哈拉尔德出身于皇室，其祖先在挪威历史上赫赫有名。他的父亲和祖父都是挪威历史上众多小王国中的国王。哈拉尔德的父亲“黑王”哈夫丹40岁去世时，留给他儿子金发王哈拉尔德一个很富裕

▶ [金发王哈拉尔德画像]

维京人泛指北欧海盗，他们从公元 8 世纪到 11 世纪一直侵扰欧洲沿海和英国岛屿，其足迹遍及从欧洲大陆至北极的广阔疆域，欧洲这一时期被称为“维京时期”。

▲［维京人使用的长矛］

的小王国。哈夫丹死后，10 岁的哈拉尔德继承王位，12 岁时亲政。

当上了国王的哈拉尔德，身边总是有众多勇士相陪。在他的宫廷中，既有为他出谋划策的老者，也有口若悬河的宫廷文人，以及形形色色的艺人和小丑。哈拉尔德对他身边的勇士们十分欣赏，对他们非常慷慨。从小在宫廷中长大的哈拉尔德，在刚开始登上王位时，并没有要统治整个挪威的野心。这种巨大的野心和后来的横征暴敛，是来自于他当时的未婚妻，一个名叫居达的女人。

订婚条件使他警醒

哈拉尔德长大后，听说在挪威西南海岸的霍达兰王国中，国王埃里克有个女儿名叫居达，长得美若天仙。于是哈拉尔德便派他手下的人去向居达求婚。没想到，傲慢的居达竟然拒绝了哈拉尔德的求婚，她对哈拉尔德派来的手下人说，她不愿意嫁给一个“仅仅统治尚不及一个郡大的小王国的国王”，接着又说，假如哈拉尔德想要娶她，必须等到“他为她统一了整个挪威之时”。

▲［《维京传奇》中的盾牌］

在维京人的作战战术里，特有的“维京盾墙”具有攻防两面作用，并且对于维京人来说，一面盾要比任何武器都要管用。盾牌由很厚的橡木板拼接而成，再用环形的金属或者兽皮包边，使得盾牌异常坚硬。

维京盾牌的典型尺寸是直径 81 ～ 91 厘米，也有个别大到约 94 厘米，最小的盾牌直径有 70 厘米的。这样巨大的尺寸自然可以为战斗中的维京战士提供一个巨大的防护面积。

维京盾牌和罗马盾相比，维京盾呈圆形，这是因为维京战士和罗马战士的作战方式不同，罗马人靠的是投鞭断江的军团方式，而维京战士则崇尚个人武力。

哈拉尔德听了居达的条件后，沉思良久，竟然对手下宣布，他接受居达的条件，并对她充满感激之情。因为正是居达的拒绝使他警醒，让他想到了一个国王的职责和定要统治整个挪威的重任。哈拉尔德本是一位身材健美又爱修饰打扮的美男子，此时他竟发誓："在整个挪威被我统治之前，我将不再修饰打扮，也不再修剪我的头发。"

"海盗国王"

为了向傲慢的居达证明自己的实力，哈拉尔德不久之后就掀起了向北袭击的狂潮，向邻国发动了一次比一次猛烈的战争。

在战争中，哈拉尔德采取了海盗式的做法：凡是他的士兵经过的地方，都变成了血与火的战场，许多村庄成了荒野，邻国都称其为"海盗国王"。

征服北方之后，紧接着哈拉尔德率领着他的海盗舰队，又向西海岸大举进军。但峡湾为其敌手提供了一定的屏障，到最后竟然只有霍达兰国王埃里克（居达的父亲）和他的盟国仍在西南方顽强抵抗。但很快，在哈拉尔德旋风般的猛烈攻势下，那些最后负隅顽抗的人，也在斯塔万格附近进行的一场大海战中被全部歼灭。

任性的居达，以她的傲慢、狂妄和野心，为千千万万冤死在哈拉尔德刀剑之下的平民百姓，也为她自己制造了天大的灾难和不幸。不仅国家被哈拉尔德灭掉，而且她自己也未得善终，在娶她之前，哈拉尔德已经娶了好几个妻子。她被娶之后，必须与哈拉尔德的 8 个妻

[维京海盗船－奥斯陆海盗博物馆]

▲［冰岛维京船雕塑］

子平分国王的宠爱。后来，哈拉尔德为了迎娶一位丹麦公主，将居达和他的另外8个妻子全部抛弃。

哈拉尔德统一挪威

9世纪末，哈拉尔德统一挪威，成为挪威国王，手中的权力达到巅峰。此时的哈拉尔德满脑子都是扩张的欲望和野心，并开始实施大规模的征服之旅。当然，哪里有压迫，哪里就有斗争，在他所袭击的地方，涌现出一批不甘逆来顺受的地方首领，那些地方首领为了摆脱他的控制，便带领自己的臣民向海外远航，向外拓殖，在荒无人烟的僻远之壤开拓移民区，建立殖民地。在这一过程中，成千上万的挪威人向苏格兰群岛、法罗群岛和冰岛迁移。

与此同时，从挪威、丹麦和瑞典的各民族中也涌现出一批冒险家，为了摆脱哈拉尔德的统治，追求那种无拘无束的生活，他们便开始疯狂地向外拓殖，成为令人恐惧的海盗。这一过程延续了一个世纪之久。这些令人畏惧的入侵者或拓殖者，有相当一部分是被像哈拉尔德这样的统治者从斯堪的纳维亚本土驱逐出来的。正如挪威的编年史所言："在那个年代，所有荒芜之地都成为移民区，北欧本土卷起一场巨大的风暴，并席卷向海洋，在风暴席卷的沿途或留下一片废墟，或带来新生。"

巴黎保卫战

西格弗雷德

西格弗雷德是丹麦维京人首领，885年，他率领大批丹麦维京人在夏天抢劫了鲁昂之后，乘船沿塞纳－马恩省河直驱巴黎，企图一举攻下法国首都。生死关头，法国军民奋起抵抗，开始了历史上著名的巴黎保卫战。

法兰克帝国已经今非昔比

公元814年，查理大帝去世后，路易一世继位，维京人开始向法兰克帝国北部中防守薄弱的地方发起了大规模进攻。后来，德国汉堡和法国鲁昂、图尔、沙特尔等地也陆续受到海盗们的抢掠。

到了秃头查理（查理二世）统治时期，他虽有良好的军事才能，但是主要精力却放在与兄弟们的斗争上，这使得海盗们的实力逐步壮大。845年3月海盗们在拉格纳·罗德布鲁克带领下占领了巴黎，秃头查理缴纳了价值为7000利弗尔的“丹麦金”后，

▲［维京海盗船纪念铜章］

维京人的龙头船与此前欧洲人常见的罗马式、希腊式船完全不同，当时的欧洲人只要一见到船首高昂着龙头，就知道是维京人来了。

◀［查理大帝青铜雕像］

查理大帝所建立的法兰克帝国是继罗马帝国之后欧洲大陆上最强大的帝国。

◀［查理大帝扑克形象］

2014年2月4日，科学家宣布，1988年在亚琛大教堂发现的千年遗骨确实属于查理大帝。这是一个中国人不太熟悉而在西方却如雷贯耳的人物（在扑克牌中，身为红桃K的查理大帝）。他是西欧在西罗马帝国覆灭后的第一个“皇帝”，也被称为“欧洲之父”。

才让维京人离开，海盗们笑纳了秃头查理奉上的财物，也看清了曾经强大的法兰克帝国已经今非昔比。

海盗开始有了更大的目标

到了查理三世（胖子查理）执政时期，海盗开始有了更大的目标：拿下巴黎，沿塞纳河而上，直插法兰克的心脏。885年11月24日拂晓，当巴黎人从睡梦中醒来时，维京海盗已兵临城下。当时的巴黎市民无法知道到底来了多少海盗，他们能够看见的是那条宽阔的塞纳－马恩省河好像突然变成了水上森林，放眼望去，是像森林一样密密麻麻的桅杆。巴黎人后来才知道，率领这支海盗队伍的是丹麦维京人首领西格弗雷德。这些海盗大部分是丹麦人，也有其他地区的斯堪的纳维亚人。海盗们拥有700艘战船，共载来3万名维京战士。

巴黎当时并不是法兰克帝国的首都，却是重要的政治、军事、经济城镇。大主教曾经警告查理三世：“失去了巴黎，你就失去了一切”。当时查理三世正在远征意大利，巴黎城内只有巴黎主教约斯兰和纽斯特里亚的伯爵奥多，带领200名骑士和少量士兵守卫。单凭这点兵力，在丹麦维京人眼里，根本不算什么。

但巴黎城里的市民反而变得异常团结和勇敢，纷纷表示誓与巴黎城共生死。海盗首领西格弗雷德并没有立即进攻，因为在他看来，生存远比死亡更有价值，而他们的主要目标不是来毁灭巴黎，而是来掠夺所需的物品。

巴黎人绝不会屈服

丹麦海盗们劫掠的主要目标是塞纳河上游一些富饶的乡村和城镇，于是西格弗雷德与约斯兰主教展开了谈判。西格弗雷德对约斯兰主教说道：“你们只有200人守卫，我们有3万名勇士。看在上帝的份上，如果要想保护巴黎城，并保护信徒，就最好赶快屈服。”

约斯兰主教告诉西格弗雷德：“巴黎人不但绝不会屈服，而且还肩负着阻止敌人前进的神圣使命。”

被拒绝后的海盗开始挥舞着弓箭、长矛向巴黎城冲来，他们将巨大的石块抛向城内。同时水陆并进，将巴黎城包

维京海盗对法兰克的侵扰从查理大帝时代就已经开始，并一直没有停息。骁勇善战的查理大帝自然对这些强盗恨之入骨，欲杀之而后快。查理大帝死后，他的儿子路易一世继承了帝国的统治权。在路易一世之后，帝国的土地划分给了他的三个儿子日耳曼人路易、秃头查理和洛塔尔分别管理。东、西法兰克王国分别成了以后的德国和法国，而东西部之间的区域则成了以后的意大利。

查理大帝的儿子路易一世一生都在坚持父亲的策略，因此海盗并未获得太多机会，当他死去后，海盗就重新活跃起来，而查理大帝的孙子们并没有像其祖父那样的英武，而且三人间还不断内讧，因此，海盗们才看到机会，在西格弗雷德的带领下，进军巴黎。

[查理三世]

性格懦弱的查理三世面临着来自北欧海盗的威胁，除了封爵安抚北欧首领之外，他并无任何有效的应对方针，以至于眼睁睁看着在罗洛的封地上，崛起强大的诺曼底公国。

围得水泄不通。而城墙上，勇敢的巴黎市民纷纷组织起来，加入了守城的战斗队伍。一时间，城下的海盗们血肉模糊，死伤无数，很多被烫伤或者身上着了火的海盗哀号着，直接跳入河中，河面上很快漂满了尸体。海盗们愤怒而恐惧地称巴黎城为“烤炉”。巴黎市民的伤亡也很大。夜晚来临，巴黎城内部分地区也被烧着，但堡垒中的巴黎市民仍然在顽强抵抗着敌军的进攻。

围困巴黎城

看到不能立刻攻破城门，西格弗雷德决定改变战术，不再强攻，而是在巴黎城外挖筑战壕，设置营地，开始围困巴黎城。就这样双方相持了差不多一年的时间，被围困的巴黎城内用人间地狱来形容也不为过。人们被饥饿折磨得不成人形，伤病和药品的缺乏最终导致了弥漫全城的大瘟疫，无数人因此丧命，约斯兰主教也未能幸免。

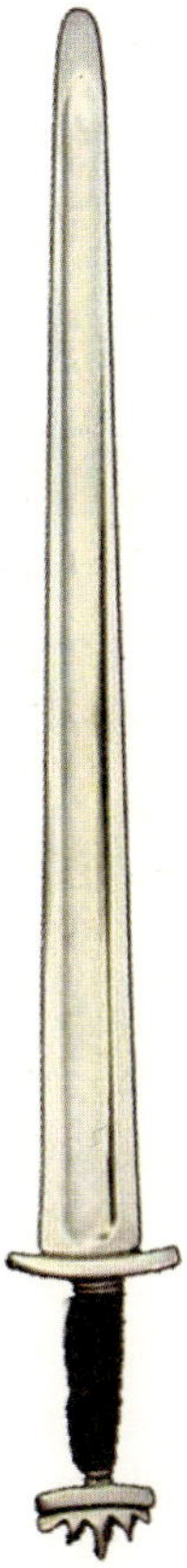

[维京人的长剑]

维京长剑铸造工艺复杂，威力巨大，可以轻易切开人的颅骨，或一剑直接砍下人的肢体。由于剑身较长，维京人把他们背在背上，时刻不离，即便睡觉时也要和长剑一起。

维京人会不断地告诉他的孩子长剑经历的战斗和杀死的敌人，这种家族的传承不仅继承了维京人的尚武传统，也造就了一柄柄充满传奇故事的维京神剑。

查理三世向海盗妥协

奥多伯爵多次向法兰克国王查理三世请求增援。而查理三世却选择与海盗们进行谈判，他允诺开放塞纳河，允许维京人自由地前往上游，而且另外支付给海盗们700磅黄金换取他们的撤军。海盗们同意了国王的条件，从巴黎城下撤军。浴血奋战的巴黎市民对于查理三世与维京海盗的交易非常气愤，他们觉得巴黎人巨大的牺牲被国王出卖了。

整个法兰克也认为国王的做法是懦夫行为。不久之后，法兰克人联合起来推翻了查理三世的统治。888年，奥多伯爵被巴黎人拥立为西法兰克王国的国王。对于海盗们来说，查理三世的倒台对他们的影响并不大，他们在继续寻找新的掠夺地。

发现格陵兰岛

红发埃里克

格陵兰岛面积约为216.6万平方千米，岛上约有83%的面积被冰雪覆盖，10世纪末期，挪威人埃里克·瑟瓦尔德森因卷入几起谋杀事件被逐出冰岛，在放逐途中发现了该岛。或许是为了吸引更多的移民，埃里克将其命名为格陵兰岛，即“绿色的土地”，并在岛上建立了第一个北欧殖民地。

▲ [格陵兰岛]
格陵兰岛是丹麦属地，全岛终年严寒，是典型的寒带气候，沿海地区夏季气温可达零度以上，内陆部分则终年冰冻。

埃里克·瑟瓦尔德森(950—1003年)，出生于挪威罗加兰，是一名挪威维京探险家、海盗，外号“红发埃里克”。

出走冰岛

埃里克出生在挪威，小时候因为父亲犯了谋杀案，他和家人被流放到冰岛。成年后，埃里克在一处农场安顿下来，并娶了一个信仰基督教的妻子，养育了4个孩子。他们这种田园般的生活维持

▲［格陵兰岛石人雕像］

格陵兰岛四周全是海洋，关于海的传说很多，其中一个传说讲的是美丽的少女海德纳（海神）拒绝了同村猎人的求婚，当一个陌生的猎人出现后，她的父亲同意用鱼作为回报将她嫁给这个外来的猎人，父亲给了她安眠药并且告诉她让猎人带她去悬崖的鸟巢上，像变魔术一般，猎人幻化成一只大鸟，海德纳醒来后发现被鸟群包围。父亲试图去营救他，但这激怒了鸟神，引发了一场暴风雨。迫不得已，她的父亲孤注一掷将她投入了汪洋大海，她尝试依附在爱斯基摩小船逃生，却冻掉了手指，最终成为了大海的一部分。

了没有几年，埃里克的脾气越来越暴躁。他没有吸取父亲的教训，有一次因为一头牛与邻居打架，结果把邻居的儿子打死了，因此被驱逐出了冰岛。

发现格陵兰

公元 982 年，埃里克从冰岛起航，船从东到西绕格陵兰海岸航行，直到发现一处无冰的地点后，他才登陆。埃里克在那里住了 3 年多，他给这个地方取了一个好听的名字，叫做“绿色的土地”（即 Greenland，音同格陵兰），以便吸引更多的移民。埃里克于公元 985 年

▲［格陵兰岛海象制品］

格陵兰岛曾是海象牙的关键来源地，海象牙被雕刻成诸如来自苏格兰著名的 12 世纪刘易斯棋子等奢侈品。

维京人的老家是挪威、瑞典和丹麦。他们和后代曾一度控制了大部分的波罗的海沿岸、俄罗斯的内陆、法国的诺曼底、英国、西西里、意大利南部和巴勒斯坦的部分地区。

▲ [努克大教堂]

努克大教堂的正式名称是"我们的救世主教堂"，是一座路德宗的木质建筑，建于1849年。作为一座宏伟的尖顶红色建筑，努克大教堂是格陵兰岛著名的地标。

回到冰岛，聚集了一批愿意移居格陵兰的维京人。其实格陵兰岛并不像它的名字那样充满着春意。那里气候严寒，冰雪茫茫，中部地区的最冷月平均温度为－47℃，绝对最低温度达到－70℃，是地球上仅次于南极洲的第二个"寒极"。

移民格陵兰

公元986年，红发埃里克率领一支由25艘船组成的远征队向格陵兰岛进发，结果只有载着500人的14艘船到达了布拉塔利德的聚居点。当幸存者挣扎着爬上格陵兰岛的海岸时，他们失望了，这里找不到铁矿，更谈不上有什么森林。维京人向来以不怕吃苦著名，但是当他们来到格陵兰岛之后，才知道什么叫度日如年。

坚持了500年

尽管这个格陵兰岛殖民地比冰岛大部分地区都更靠南，气候却更艰苦。格陵兰岛纬度太高，只有极少数土地上没有冰层，而影响格陵兰岛的洋流带来的则是刺骨冷风，还伴有大雾。寒风从北面带来浮冰，冰山常常封住峡湾，即便在夏季也是如此。最初，移民们选择定居的这片狭长的草地位于峡湾之上，正对着冰河。冰河定期流动，这常常会给他们的石屋和茅舍带来灾难。这里的夏季太短，因而根本不能考虑耕地和种粮。

▲ [格陵兰大学]

岛上几乎所有适合做农场的土地都被他们疯抢一空。只有鱼以及瘦弱的牛羊为他们提供肉和奶。而且岛上铁矿稀缺，木材不足，使得维京人很快陷入困境。

然而令人赞叹的是，即使在如此严酷的环境中，维京人依然坚持了 500 年，直到全球气候变化，格陵兰岛变得更加不适合人类居住，他们的后代才最终撤回了大陆。

难得的是埃里克的儿子莱夫·埃里克松继承了他父亲勇往直前的探险事业，他向浩瀚的、未知的海洋航进，早在哥伦布之前 500 年，莱夫·埃里克松已经驾驶维京人著名的龙头船驶向了美洲。成为第一位抵达美洲新大陆的维京人，写下了北欧海盗传奇中最精彩的篇章。

科学家们研究发现格陵兰岛形成于 38 亿年前，它的前身是海底大陆，由于大陆板块碰撞而形成，这一发现使得格陵兰岛成为了世界上最古老的岛屿。

建造诺曼底公国的海盗

罗洛

罗洛横行于法兰克北部海岸，由于其身材过于高大没有办法骑马，到任何地方都只能步行，因而经常被人称为“步行者罗洛”。在911年他强迫法国国王查理三世签订了《埃普特河畔圣克莱尔条约》，获封公爵并划定封地。

▲［罗洛雕塑］

罗洛（约860—932年），挪威贵族罗格瓦尔的儿子。他长得四肢短粗，大腹便便，行动笨拙，好像粗蠢的工头一样，由于没有马匹能载得动他，到任何地方去都得步行，因此又有“步行者罗洛”之称。不过罗洛显然不像他的外表那样愚蠢和滑稽，他是一名称职的海盗，一个出色的海上掠夺者。

一个出色的海上掠夺者

在罗洛还很年轻的时候，他就开始率领自己的船队出国四处抢劫，收获丰厚。经过一段在国外的海盗生涯，他带着大批抢来的财物，情绪高昂地返回挪威，向别人炫耀自己的“战果”。这种公开的抢劫行为，让金发王哈拉尔德非常不快。虽然哈拉尔德也是海盗出身，但他当了国王，在公开场合总要顾忌一

诺曼底公爵一职是一个法国爵位称号，是法国国王查理三世（昏庸者）于911年与入侵并占据加来海峡一带的北欧诺曼人安协而建立的，第一任公爵是诺曼人领袖罗洛。

些面子。因此，他不能容忍罗洛这样公开的海盗行为。于是金发王哈拉尔德下令：“任何劫掠都必须服从于国家的指令，否则将受到最严酷的惩罚。”

被国王驱逐的罗洛逐渐成了海盗的首领

但是罗洛仍然为所欲为，毫不悔改。国王宣布像罗洛这样的海盗行为违背了法律，要将他驱逐出境。此时的罗洛看到自己在国王的面前已成了一个极不受欢迎的人，于是他离开了挪威，随着一群丹麦海盗乘船出没于苏格兰、英格兰、佛兰德和法国等地，到处攻城略地，烧杀抢掠。就这样在海盗队伍中混了二十多年后，由于他作战勇猛又有心计，渐渐成了海盗的首领。他手下的海盗队伍发展很快，兵力多达几十万人。

罗洛在法兰克福称帝

885 年 11 月，罗洛在法兰克福称帝，罗洛成了当时丹麦维京人的首领。此后几年之间，以罗洛为首的丹麦维京人在法国沿海的大肆抢掠让查理三世大为头疼。他调动军队抵御罗洛的攻击，在夏尔特尔附近与罗洛作战。从表面上看，战争呈僵持状态，双方不分胜负。查理三世无法把罗洛率领的海盗军队驱逐出法国，只能接受他们存在的现实。

大约在 10 世纪初，罗洛率领维京人

[诺曼底公爵城堡遗址]

始建于 10 世纪的公爵宫是早期诺曼底公爵的行宫，后来遭受过严重损坏，现在只能看到建筑体的断壁残垣。

《埃普特河畔圣克莱尔条约》是罗洛和查理三世签订的条约，条约中规定了双方的统治区域和罗洛受封诺曼底公爵的称号，查理三世同时还将女儿吉赛尔嫁给罗洛，成为他众多妻子中的一员。

定居在法国北部的纽斯特里亚一带。那时的罗洛，已经成为赫赫有名的北欧首领，公然割据一方的统治者。至于这个年轻时如同工头般粗笨的挪威人是如何率领着一批丹麦海盗征服了这里的，历史上没有太多的记载。

查理三世与海盗首领罗洛双方妥协

公元911年，查理三世与海盗首领罗洛双方妥协，查理三世承认罗洛为其封臣，占有部分疆土。在查理三世与罗洛签订的协定中，把纽斯特里亚的部分地区划归给罗洛（即现在的诺曼底一带），并授予他诺曼底公爵的称号。在100年之内，允许这些海盗们在此地区遍设永久居民点。作为交换条件和对查理三世的回报，罗洛发誓信奉基督教，采用法语，放弃其海上骚扰行动，其军队也改为法兰克式的骑兵，不再从事海战。

此后，罗洛正式改变信仰，接受洗礼，成了法国国王属下合法的公爵。他部下的维京海盗不但成了诺曼底人，而且也成了耶稣基督旗帜下的骑士，这些人按照骑士的待遇，都得到了武器和马匹。现在“诺曼底”一词就源于定居那里的北欧人。

诺曼底公国发展

据说，当时有5000名维京人和当地法兰克人融合。罗洛本人也娶了一位高贵的伯爵的女儿波帕为妻。由于基督教的宽容政策，在诺曼底定居的北欧海盗大部分与罗洛一样，都娶了法兰克妇女为妻，并且改信基督教，他们还广设教会及隐修院，进行大量的宗教改革。尽管这些丹麦维京人拥护教廷，但同时也保留了当地的信仰自由传统。在政治上，他们在当地所建的政府，基本上袭用盎

[温莎古堡]

城堡位于英格兰东南部区域伯克郡温莎－梅登黑德皇家自治市镇温莎，早在威廉一世时建立(威廉一世为罗洛后裔)，是现今世界上有人居住的城堡中最大的一个。

在维京人的文化中，所有人，包括孩子都应该承担工作。一旦新生的婴儿发现残疾，或者在很小的时候就出现了一些其他问题，他们会被立刻遗弃，大多冻死在北欧的皑皑白雪中。

维京人非常擅长讲故事，并认为讲故事是全能的战争之神奥丁传给他们的一种天赋。在没有任何书写故事的方法和途径的情况下，维京说书人和吟游诗人还能记住许多史诗故事，通过这些故事，维京人确保他们宗教信仰和冒险历程的细节得以一代一代地传下去。

格鲁－撒克逊人的那一套制度。但在诺曼底人统治下，也有许多新政，如改用誓证法等，使教会机构及戒律方面日臻完善。归顺法国后，他们采纳了法兰克王国的封建制度，使诺曼底公国在 11 世纪时成为西欧封建制高度发展的国家之一。

值得一提的是，在接下来的几百年里，这些丹麦维京人后裔建立的诺曼底公国，派出的远征军英勇善战，相继征服了意大利南部和西西里以及英格兰、威尔士、苏格兰和爱尔兰，并向这些地区移民拓殖。在第一次十字军东征（1095—1099 年）中，他们在西西里创建了王国，占领了黎巴嫩、叙利亚，并一直统治到 1402 年。

混迹海盗群的生意人

约翰·卡列斯

约翰·卡列斯不干杀人越货的行当，而是靠与人交换商品立足海盗界，依靠良好的人际关系穿梭于南威尔士从加的夫到哈佛福特西部地区。

约翰·卡列斯是出生于16世纪的威尔士海盗，经常活跃于南威尔士从加的夫到哈佛福特西部地区，就如同其他海盗一样，他的发迹史不清楚，但活跃于海盗界几十年的经历确实值得一提。

海盗是从事非法抢掠活动的，有相当一部分海盗还未闯出名头就已经魂断海中，但卡列斯他的海盗生涯的重点并不在抢劫上，他非常具有生意头脑地将海盗抢劫来的战利品换回海盗们喜欢的朗姆酒或是烟草等商品，在其中赚取利润。所以经常穿梭于海盗与沿海居民间的卡列斯积累了非常好的人缘，也使附近的海盗们抢劫起来更有干劲。

这样的海盗生活似乎也过得不错，就这样持续了几十年，因为邻国的压力迫使英国政府采取行动，并在1576年抓住了他。

刚被抓住时，卡列斯并未受到惩罚，而只是被关在纽波特的监狱里，海盗中与卡列斯关系较好的一些人就开始上下疏通，并承诺回报给官员们财宝，他们甚至提出了帮助当局抓捕其他海盗作为换回卡列斯的条件，当局拒绝了并开始怀疑卡列斯的海盗身份，最后卡列斯还是被处死了。

▲ [加勒比海盗]
来自霍华德·派尔的海盗书《加勒比海盗》中的形象。

残暴的海盗

无骨者伊瓦尔

富庶的英吉利海峡成为维京海盗的乐园，他们对英格兰虎视眈眈，不停地试探，再试探。终于到了公元 862 年，维京海盗们不再满足于小规模的骚扰和掠夺，一支以丹麦人为主的远征军正式奔向英格兰，伊瓦尔便是其中最为残暴的领袖之一。

▲ [维京海盗]

公元 793 年 6 月 8 日，来自挪威的维京人洗劫了英国诺森伯兰郡的林第斯法恩修道院，这一事件被认为标志着“维京时代”的开启。

无骨者伊瓦尔（约公元 830—873 年），是 9 世纪时的一个维京海盗首领，公元 865 年秋，维京海盗入侵英格兰，他是这支军队的领导人之一。公元 873 年，他死于都柏林。他的绰号“无骨者”，萨迦文学中提及他无法行走，需要别人抬着走，这很可能跟他患有先天性成骨不全症（又称脆骨症）有关。

根据维京人报仇的规矩，儿子应该向杀死他们父亲的仇人进行报复。仇人的肉和肋骨必须砍成或锯成老鹰形，然后，孝顺的儿子用双手掏出仇人还在悸动的肺。这种报仇方法叫做“血红的鹰”。据传说，埃拉国王就是落得这样的下场。

伊瓦尔之父朗纳尔之死

伊瓦尔之父朗纳尔·洛德布罗克是一位伟大的海盗领袖，其统治范围可能包括今日的丹麦和瑞典南部。他曾于公元 845 年参与劫掠了巴黎，获得了秃头查理缴纳的大笔赎金。据传说，朗纳尔最终在公元 865 年因为遭遇海难，漂流至英格兰的诺森布里亚国王埃拉的领地，被俘后被诺森布里亚国王埃拉扔进了“蛇塔”，遭毒蛇咬死。

朗纳尔有四个儿子，分别是“勇士”比约恩、“白衣”哈夫丹、“蛇眼”西格德和“无骨者”伊瓦尔。他们闻讯后决定大规模入侵英格兰，为父报仇。其中患有“成骨不全症”的伊瓦尔是维京人入侵英格兰的指挥官之一（此外还有乌比与哈夫丹），这个必须由人抬着才能行动的无骨者，是个能征善战的怪胎，正是他发起了替父报仇的西征。

“无骨者”伊瓦尔复仇

“无骨者”伊瓦尔策划了征服东英吉里亚、诺森布里亚的德拉以及默西亚的那些大战役。

“无骨者”伊瓦尔率领的强

▲［伊瓦尔登陆西南海岸－插画］

这幅12世纪的插画展现了公元866年"无骨者"伊瓦尔率领丹麦海盗在英格兰西南海岸登陆的情景。

▲［《东盎格利亚国王－埃德蒙被杀》插画］

9世纪，北欧海盗首领伊瓦尔的手下用弓箭射死了英国东盎格利亚国王埃德蒙。

大军队本来是在船队基础上组织起来的，是海上的掠夺者，但是公元867年春天他们出其不意地骑着马，沿着昔日的罗马大道向北挺进，乘船渡过了亨博河，迅速地包围了诺森布里亚的约克城。

约克城里的诺森布里亚人长期处于分裂状态。在发现突如其来的"无骨者"伊瓦尔的强大军队后，诺森布里亚人向约克城下的敌人发动了反攻，在混战中，诺森布里亚人被全部击败，"无骨者"伊瓦尔的军队进行了残酷的屠杀，将杀死伊瓦尔之父朗纳尔的仇人埃拉在内的王公大臣都杀掉了，并且完全摧毁了诺森布里亚的抵抗力量。

诺森布里亚王国的气数就此告终。英格兰北部再也没有恢复过它对维京人的优势。

埃德蒙国王被维京武士乱箭射死

"无骨者"伊瓦尔的复仇行动并没有就此结束，公元869年伊瓦尔的军队再次攻击了东英格兰，东盎格利亚王国遭到毁灭性打击，国王埃德蒙被俘。在《盎格鲁－撒克逊编年史》的古老插画中记载，埃德蒙国王是被维京武士乱箭射死的。征服了东盎格利亚后，伊瓦尔又回过头去继续在爱尔兰劫掠，一直打到都柏林城下，但伊瓦尔最终在公元873年的阿什当战役中死去。

东盎格利亚（英语：East Anglia），是盎格鲁人在5世纪末建立的盎格鲁－撒克逊王国，它的领土范围大体相当于现在英国的诺福克郡和萨福克郡。盎格鲁人来自斯堪的纳维亚和北德地区。

东盎格利亚王国大块领土地处沼泽地带之中，使得它处于比较有利的防御位置，这个因素让东盎格利亚王国在6世纪末成为盎格鲁－撒克逊诸王国中的强国。

西班牙火女郎

卡塔琳娜

她是一个勇敢美丽的西班牙少女；她有一头飘逸的红发、一段坎坷的历程；面对不幸的命运，她凭借着坚强的意志燃烧了自己全部的激情和青春，像一团烈火一样将整个南大西洋烧得红彤彤的，她就是西班牙海盗女王唐·埃斯坦巴·卡塔琳娜。

卡塔琳娜于18世纪中叶出生于西班牙，是当时巴塞罗那船王的千金，她从小就受到了正统的贵族教育，她的父亲对她抱有很大希望，因而对她的要求很严格，但卡塔琳娜生来就活泼好动，是个喜武厌文的小姑娘，还是很小的时候，她就和哥哥一起骑马、划船，在哥哥的熏陶下，完全走上了一条本属于男孩子的“专职路线”，在她哥哥参加陆军那年，17岁的卡塔琳娜已然是一个武艺高强亭亭玉立的“女汉子”，但在当时她则完全不符合上流社会的审美观。

▲［卡塔琳娜］

误杀了哥哥

在卡塔琳娜18岁时，被她气得半死的父亲把她送进了修道院，希望她能在那里有所收敛，但卡塔琳娜生来就是个向往自由的女孩，她实在无法忍受这种半囚禁式的生活。最终她狠了狠心，毅然决然地剪去了红色的长发，逃出了修道院，脱离了家庭，女扮男装开始了流浪生涯。

一年后，她在秘鲁报名参加了陆军，并且成功地隐瞒了自己的身份，在当时的军队，不平等的事件屡有发生，长官不但克扣军饷，还仗势欺人，对士兵施以打骂，性烈如火的卡塔琳娜不甘受辱。一天晚上，在一次大规模的集体冲突中，她一怒之下杀死了驻军上校，并且和上校的副官剑对剑地打了起来，由于当时的天太黑，谁也看不清对方的面孔，经过一场激烈的战斗，卡塔琳娜获得了最终的胜利，但她还没来得及享受喜悦，

▲ [西班牙国王腓力三世]

腓力三世在个人生活中沉浸于宫廷游乐，他在这些活动上挥霍了无数的金钱。他在宗教信仰上表现出真正的虔诚。总的来说，他缺乏管理他父亲留下来的巨大遗产的才智，甚至有些昏庸。1621年3月31日腓力三世在马德里去世，把一个虚弱的西班牙留给了他的继承人。

就惊讶地发现她杀死的正是自己参军的哥哥，悲痛欲绝的卡塔琳娜陷入深深的自责和悔恨之中，她连夜逃离了驻地，万般无奈之下加入了海盗团伙。

当上海盗船长

在茫茫大海上，性格豪爽的卡塔琳娜很快和海盗们打成了一片，海盗们敬佩她高超的航海技术和娴熟的武艺，而她也喜爱海盗们的诚恳与直率。在一次海战中，卡塔琳娜所在海盗船的船长战死了，她被推选当上了新的船长，这时海盗们才惊异地发现他们的船长原来是一个离家出走的千金小姐，就这样卡塔琳娜开始了长达十年的征战杀伐，她拥有十艘海盗船和上千名手下，打遍了南大西洋并抢劫了大批的船队，而那些企图和她争抢地盘的海盗也都在她的剑下永远无法开口说话。

卡塔琳娜无罪释放

这位海盗女王有自己的准则：她从来不曾袭击过一艘西班牙船只，还经常救助那些落难的西班牙商船，在她心中无时无刻不在思念自己的祖国，当时的海上霸主英国对这位“海盗女王”甚感头痛，于是就向西班牙政府施加压力，要他们帮助消灭卡塔琳娜。

在当海盗的第10个年头，卡塔琳娜的队伍被西班牙舰队击溃，而这位绰号“火女郎”的海盗，被带回马德里受审，经过一审判决判处死刑，但国民一致认为她无罪，这件事惊动了西班牙国王腓力三世，在他的干预下法院重新审理了案件，最终将卡塔琳娜无罪释放了。不仅如此，国王还亲自召见了这位“西班牙的英雄”，赏赐给她“大笔的金钱和封地”，后来卡塔琳娜一直住在封地里，终生未嫁。

卡塔琳娜就是这样一个勇敢美丽的西班牙少女，一个叱咤风云的女海盗，一头飘逸的红发，一段坎坷的历程和不幸的命运，让她凭借坚强的意志和一颗不屈的心，燃烧着生命的青春和激情，像一团熊熊的烈火烧遍了整个南大西洋，谱写出她传奇的一生。

追求乌托邦王国的海盗

詹姆斯·米松

詹姆斯·米松出生于17世纪法国普罗旺斯的一个古老家族，受过良好的教育。在学习完昂热市军事学院的所有课程之后，在法国军舰上供职。后来偶然结识了一个意大利神父卡拉奇奥利，他宣扬人权的思想对米松的影响非常大，包括后来建立自由国。

乌托邦本意为“没有的地方”或者“好地方”。延伸为还有理想，不可能完成的好事情，其中文翻译也可以理解为“乌”是没有，“托”是寄托，“邦”是国家，“乌托邦”三个字合起来的意思即为“空想的国家”。原提出者是古希腊哲学家柏拉图。空想社会主义的创始人托马斯·莫尔（英国人）在他的名著《乌托邦》（全名是《关于最完全的国家制度和乌托邦新岛的既有益又有趣的全书》）中虚构了一个航海家——拉斐尔·希斯拉德航行到一个奇乡异国“乌托邦”的旅行见闻。

◀ [普罗旺斯的薰衣草]
普罗旺斯是世界闻名的薰衣草故乡，它还是欧洲的“骑士之城”，是中世纪重要文学题材骑士抒情诗的发源地。

不是海盗的海盗

米松与卡拉奇奥利结识之后，俩人一起到了“维多利亚”号船上当了水手，在一次马达加斯加北部地区的航行中，他们遇到了一艘英国的海盗船，经过一番战斗，米松他们胜利地缴获了那艘船，但米松这边损失也颇为严重，他们的船长也战死了，米松意外地被推选为新的船长。在为自己的船选择旗帜时，因为他认为自己不是海盗，所以没有用黑旗，而是用了白旗，并用金线织出拉丁字：为了上帝和自由。

为了生存，米松他们开始抢劫过往船只上的货物，但他们只拿一半食品和日用品，对船上的货物并不染指，这让被劫船只十分惊讶。有一次，米松的海盗团队截获了一艘船，但仅拿了船上的一部分糖和酒，其他物品丝毫未动，这令被劫的人颇为感动，走时还对海盗大呼“万岁”！时间长了，米松和他不一样的海盗团队的事迹就传扬开来。

▼ ［“胜利”号战舰模型］

1758年12月13日，英国海军部下令建造12艘新战舰，其中一艘为装备100门主炮的主力舰，后来该舰命名为“胜利”号。

精彩的演讲

米松曾在非洲沿海成功夺取了一艘运送奴隶的船只，他做了一场极为出色的演讲，他说：“这就是我们要反对的可耻的法律和现世的陈规陋俗。还能找到拿活生生的人来做交易的违反上帝公正的例子吗？还有什么比这更违反上帝的正义原则吗？难道这些不幸的人，就可以像牲畜一样的卖来卖去吗？这一切难道仅仅是他们有着与我们不同的肤色吗？依靠贩卖奴隶的强盗既没有灵魂也没有良心，他们应该遭受地狱火焰烧烤的永久痛苦！我们宣布所有的人毫无例外的一律平等。根据我们的理想，我宣布这些非洲人都获解放，成为自由人。我还号召你们，我的兄弟们，教会他们说我们的语言，信仰我们的宗教，恪守我们的风俗习惯并教给他们航海技术，以便使他们能够用自己的劳动来谋生，并捍卫自己做人的权利。”

追求乌托邦王国的海盗

由于他的公正和仁慈，手下很快聚集了一大批人，这些人来自欧洲各国，甚至包括他解放的黑人奴隶。在很长一段时间里，米松以科摩罗群岛作为据点，这个群岛位于非洲东海岸和马达加斯加岛之间，因此，他把自己的队伍命名为“科摩罗联盟”。

米松向自己的老师提出建立自由国

米松优越的家庭条件，让他曾在普罗旺斯一所古典中学和昂热市的军事学院读完全部课程，并就职于“胜利”号军舰。

的想法，卡拉奇奥利十分赞同，不过他认为需要和当地的头领联姻，于是米松娶了当地首领的女儿，他的手下也大多娶了当地女人为妻。但是米松建立自由国的提议遭到了当地居民的强烈反对，因为当地的部落首领担心失去自己的权力，最终双方发生了冲突，米松等人落败，他带着沮丧的心情和其他人逃到了马达加斯加东部的一个海湾，并在那里定居。

在那里米松重燃希望，他们在那里建立起了国家，把国名定为“自由”，并建立了整齐的村落，而且筑有坚固的防御工事，以免遭到袭击。“自由国”在经济上废除私有制，建立公有制，设立公用国库，用于满足全体公民的要求，他们平均分配劳动产品，而且规定劳动是每个人的义务，不设任何劳动奖励。当然，米松的“自由国”并没有持续太长时间，就被岛上一些贫困部落灭掉了。

惊人的成就

米松的所作所为曾受到17—18世纪欧洲一些先进思想家的赞扬，其中包括启蒙运动的杰出思想家伏尔泰，他在《百科全书》的“海盗”词条中公开宣称：“海盗的事迹感动着我们，如果他们具有不可制服的勇敢精神相应的政治策略的话，那么他们会在美洲建立一个伟大的帝国……无论是罗马人还是其他任何从事掠夺的民族都从未达到如此惊人的成就”。

▲ ［伏尔泰位于巴黎的公墓］

伏尔泰是18世纪法国资产阶级启蒙运动的泰斗，被誉为“法兰西思想之王”“法兰西最优秀的诗人”“欧洲的良心”。他主张开明的君主政治，强调自由和平等。

征服西伯利亚

叶尔马克

16世纪，俄罗斯依靠皮毛贸易获得了巨大的利益，这为他们向西伯利亚扩张提供了充足的保障，但让人没想到的是，帮助沙皇完成开疆扩土的功臣，居然是一个让他恨透了的海盗——叶尔马克。

叶尔马克其人真名不详，这只是他的绰号。他带着队伍出没于伏尔加河和顿河的中下游及里海北岸，在这一带抢商旅、截商船、杀国使、袭官船，过上了大碗喝酒、大块吃肉的逍遥日子，名声也是越传越大。

▲［叶尔马克－想象刻板画］

叶尔马克其人真名不详，“叶尔马克”的含义也有多种解释：有说是饭锅或是烧饭用的三脚铁架；有说是基督教洗礼的名字；也有说是磨石。不管他这个绰号的原意是什么，总之他原来是个无法无天的流亡哥萨克，成天干着打家劫舍的勾当。

俄罗斯沙皇伊凡雷帝曾下令悬赏要他的脑袋，在 1578 年谕令捉拿这个“罪恶满盈的强盗”，“如捉住盗贼，就地刑讯正法”。于是叶尔马克被迫开始了逃亡生活，而他的不少哥萨克同伙都被沙皇的军队给消灭了。

斯特罗甘诺夫家族收留了叶尔马克

当叶尔马克沿着卡马河岸逃跑，到达一片由斯特罗甘诺夫家族新开拓的居住地时，他并没有像往常一样烧杀抢掠，所以他受到了斯特罗甘诺夫家族的招待。

▲ [叶尔马克征服西伯利亚 - 油画]

▲［伊凡雷帝］

伊凡雷帝（伊凡·瓦西里耶维奇，1530年8月25日—1584年3月18日），又被称为伊凡大帝、恐怖的伊凡。莫斯科大公瓦西里三世与其第二任妻子叶琳娜·格林斯卡娅之子，是俄罗斯历史上的第一位沙皇。

众所周知，铠甲之所以被制造出来，其目的就是为了保护穿戴者的安全。在中世纪的欧洲，一件链甲衫是很昂贵的，大约相当于一个铠甲工匠60～120天的工资。到了文艺复兴时期，链甲衫的价格依然居高不下。

斯特罗甘诺夫家族在当地相当具有权势，获有沙皇授予的经营证书，有雇工万名，农奴五千，被允许建设防御设施、招募“猎人”服役、制造火炮等，俨然就是当地的土皇帝。沙皇给予斯特罗甘诺夫家族这样的权力是有其原因的，当时沙皇的军事力量集中在利沃尼亚方向，正在与波兰、立陶宛还有瑞典争夺波罗的海沿岸地区的控制权。虽然东方的西伯利亚汗国有着很多宝藏等待夺取，但沙皇向东的扩张只能先暂缓，并将东部的边疆地区交与斯特罗甘诺夫家族这样的民间力量开发。

斯特罗甘诺夫家族中的成员马克西姆热情款待了叶尔马克。在斯特罗甘诺夫家族看来，叶尔马克是个“才华出众”“勇敢过人”的人。虽然他犯有罪过，但若能笼络来为己所用，定有作为，不仅如此，他们还为叶尔马克争取了“宽大处理”，他们征得了沙皇的同意，若有人能征服西伯利亚汗国，即使有过错，也可免其前罪。于是，正在躲风头的叶尔马克与马克西姆一拍即合，先在斯特罗甘诺夫家族的羽翼下休养生息、秣马厉兵，只待磨刀霍霍向东方。

西伯利亚汗国连首都都丢了

1581年，在准备就绪后，叶尔马克带着一伙亡命之徒踏上了东征之路。他们以舟为马，利用西伯利亚地区发达的水路行军，大大减少了后勤的负担。在装备上这群海盗冷热兵器俱全，他们的火枪火炮压制了西伯利亚人的弓箭，并且敢于短兵相接。值得一提的是，这些海盗虽然形似匪帮，但很有纪律，战斗也颇有章法，再加上他们是实打实的亡命徒，发起狠来势不可挡，所以人数上占优的西伯利亚人在他们面前屡战屡败。最后西伯利亚汗国连首都都丢了，算是在形式上亡了国。

获得沙皇的赏赐

实现了征服西伯利亚汗国壮举的叶尔马克自然大喜过望。但他也面临征战人员损失需要补充的问题，于是派人带上贡品回莫斯科向沙皇报捷。此时正是1582年的最后一天，12月31日。当时伊凡雷帝正苦于西方战事不顺，忽然发现西伯利亚汗国已经被征服，就别提有多兴奋了。沙皇当即下令全莫斯科教堂钟声齐鸣，广开赈济施舍穷人，仿佛是过节一般。沙皇同时还赦免叶尔马克一干人等过往之罪，并派遣援军。

沙皇对叶尔马克更是不吝赏赐，除了舒伊斯基的那件链甲衫外，还将另一件铠甲，连同自己穿过的御衣，以及其他的金银财宝统统赏给叶尔马克，以期待他再接再厉，为沙皇的扩张事业再立新功。

遭遇西伯利亚人突袭

西伯利亚人虽然失去了他们的首都，但没有停止抵抗，于是叶尔马克和他的士兵们四处追击镇压反抗的西伯利亚人。1584年8月5日，在一天的追击后，疲惫的叶尔马克军队驻扎在额尔齐斯河的一座小岛上过夜。由于白天过于辛劳，他们没能发现袭营的西伯利亚人，在漆黑的夜雨中，睡梦中的叶尔马克和他的士兵们，遭遇西伯利亚人的突袭，在这次战斗中叶尔马克丢掉了性命。

叶尔马克有着辉煌而壮烈的海盗生涯，也因为东征西讨而获得了足够的声誉，关于他死后的尸体去向众说纷纭，而他穿过的链甲衫收藏于莫斯科的皇家军械库，留存至今。

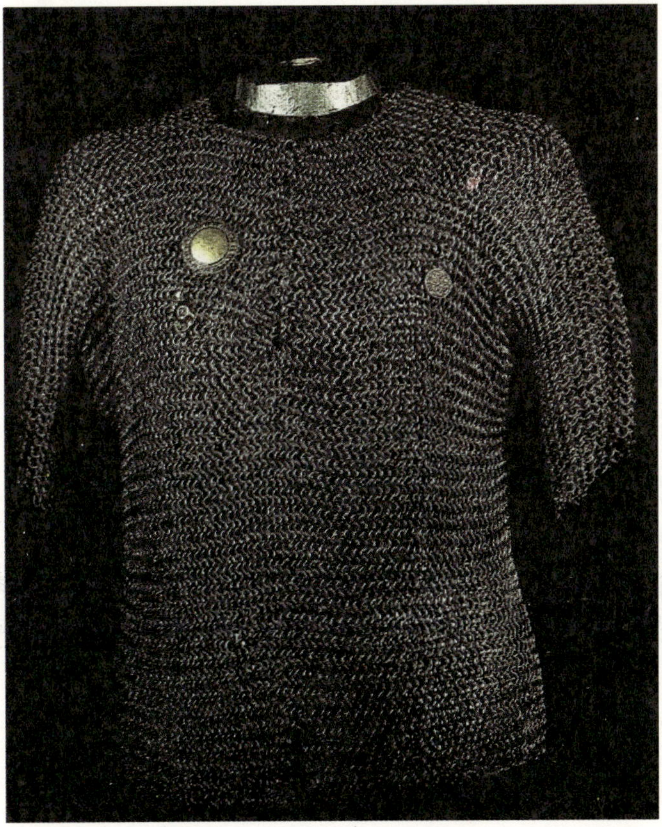

▲［莫斯科军械库里编号为 4466 的短袖链甲衫］

公主海盗

阿尔夫希尔斯

冰雪的世界孕育了北欧人冰一样的性格，这样的性格不仅体现在男人身上，女人也毫不逊色，在丹麦就流传着一个美丽的公主海盗传说。

这个公主名叫阿尔夫希尔斯，她出生于哥特的皇室，在她长大后，凭借身份地位以及美丽的容貌，大批求婚者慕名而来，但她全都拒绝了。在丹麦童话里，公主都是等待王子的，而阿尔夫希尔斯的王子不是这些人。

这些未婚者中有位勇敢的丹麦王子，为了抱得美人归，从哥特皇宫高高的城墙爬了进去，为了能够见到阿尔夫希尔斯，他甚至借道护蛇洞，虽然没有打动公主的心，但却感动了国王。于是国王下令要将公主嫁给这位王子，阿尔夫希尔斯百般抗议，均无效果，无奈之下便逃离了皇宫，跟随一艘船航行海上，这是一艘海盗船，因为它在不断的招募新的水手。

▲ [战斗中的阿尔夫希尔斯，来源于 1555 年《北方人民》]

不久后，阿尔夫希尔斯所在的海盗船失去了船长，她几经周折成为新任船长，开始了海盗船长生涯。阿尔夫希尔斯凭借非凡的智慧，使自己的海盗船队规模不断扩大，在丹麦沿海一带，她成为了航运的巨大威胁。

为了打击这只船队，丹麦派来了一名王子担任主帅前来征讨阿尔夫希尔斯的队伍。一场争斗下来，阿尔夫希尔斯不敌被俘，不过她不仅没有受到任何伤害，还被王子认出了她公主的身份，因为这名王子就是那个爬墙而入的求婚者。

阿尔夫希尔斯最终答应了王子的求婚，结束了海盗生涯，开始新的生活。传说中，阿尔夫希尔斯不但成为了王妃，后来甚至统治了丹麦王国，但她统治的时间没有定论，甚至有人怀疑这个公主是否存在。可维京人中广泛存在的唱诗人，仍在不断的吟诵她的故事，或许我们应该怀疑，她真的存在过。

沃德船长和彩虹号

杰克·沃德

海盗沃德是存在于英国民谣中的人物，他机智勇敢，在保护英国船队的同时，利用海盗打击着巴巴里的海盗。

杰克·沃德出生在英国东南部的沿海地区，像很多人一样从事海边的捕鱼工作。后来由于西班牙海盗船的到来，他被迫跟着西班牙海盗船成为了一名小海盗。

沃德的小海盗生涯开始并不顺利，他总是受其他海盗的欺负，干着杂役的活，拿着最少的钱。不久后，他所在的西班牙海盗船遇到了激烈的战斗，沃德的船长死了，他就跟随另一艘海盗船继续着海盗生活，随着年龄的增长，他变得越来越狡猾，很快就成长为一名职业海盗。

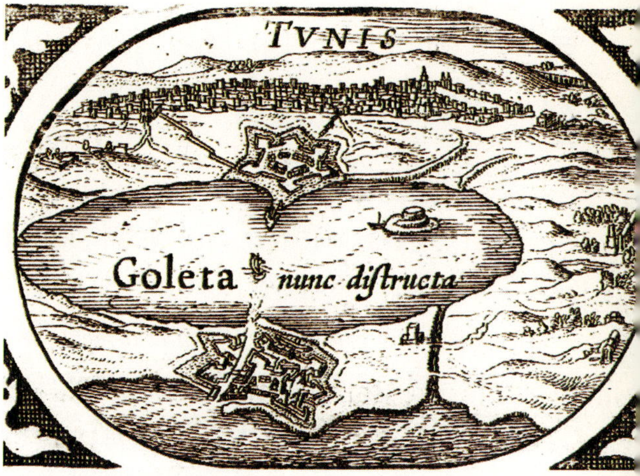

▲ [突尼斯早期的地图]

巴巴里海盗最早是北非以突厥人和摩尔人组成的海盗组织，他们得到奥斯曼土耳其帝国的支持，是拥有严密的国家性质的机构，也是土耳其帝国海军的主要力量之一。

受国王命率队出航

由于当时地中海上海盗横行，海盗们各自拿着不同的特赦证与合法的劫掠证，在保护本国舰队的同时，侵袭着他国的商船。

1603年，沃德跟随“里昂”号出发，奉命保护英国船队，并伺机侵袭他国的商船，在缴获财物中需要缴纳一部分给政府。虽然当时只有一只帆船，但可以说它是第一代的英国皇家海军（当然，那时候还没有这个名字）。在几周的保护商船和侵袭中，沃德因出色的表现被推举为新船长。不久他们到了怀特岛，成功俘获了一艘法国的“紫罗兰”号商船，并将其改名为“小约翰”号，收纳于自己麾下继续航行。之后，沃德又俘获了一艘更大的法国船，在多次海盗的侵袭和掠夺中，沃德很快便拥有了一支舰队。之后在地中海活动时，他缴获了一艘装有32门火炮的战舰，在1605年，又有几股巴巴里海盗和水手加入了沃德的舰队，沃德的队伍越来越强大了。

1606年8月，沃德以强大的武力为支持，强迫奥斯曼帝国将突尼斯封给了他，沃德以此为基地，招揽了很多海盗，开创了自己的王国，据说他的舰队中甚至有当时最为先进的60吨火炮舰船。

▲ [A Christian Turn'd Turk 油画]
左一为沃德的彩虹号。

历史留名

随着舰队的壮大，沃德的事业也越来越大，他不但横行地中海，而且统治了当时的一众海盗，但随之而来的是一种异样的声音，甚至有民谣谴责沃德的海盗行为。为此，沃德及他的船员改信伊斯兰教，沃德也娶了当地的意大利女子为妻，名字也改为优素福·里斯。

在1612年，一部以他为原型的《A Christian Turn'd Turk》剧本开始上演，而沃德的故事也在继续。直到1622年，70岁的沃德死于瘟疫。

在英国，有个《沃德船长和彩虹号》的故事，这是一个民谣，许多人猜测，或许故事中的沃德就是本文中的海盗沃德。当时横行的巴巴里海盗，让英、美、法等国疲于应付，但正是由于像沃德这样的海盗存在，用海盗打击海盗成为多国广泛采取的手段之一。

海上罗宾汉

克劳乌斯·施特尔特·贝克尔

克劳乌斯·施特尔特·贝克尔是德国最著名的海盗，他不像其他历史上臭名昭著的海盗那样残酷凶暴，反而颇得民心，被称为“海上罗宾汉”。

贝克尔据说出生于德国的一个平民家庭。目前，关于他的出生地仍有争议，因为至少有7个城市和地区自称是他的家乡。贝克尔青年时代当过渔夫和水手，或许还干过苦力。有一次，他随着一条渔船出海，船员们因为对船长不满而暴动，并且把船长扔进了大海。于是他们有家不能回了，就推举贝克尔当他们的头领，干脆干起了海盗行当。

▲ ［波罗的海］

波罗的海是世界上盐度最低的海。不仅是北欧重要航道，也是沿岸国家之间以及通往北海和北大西洋的重要水域，从彼得大帝时期起，波罗的海就是俄罗斯通往欧洲的重要出口。

海盗集团盘踞在哥得兰的小岛

在波罗的海浩渺烟波之中，有一个名叫哥得兰的小岛，这里林木茂密，风光秀丽，由于地处海域中心，控制着波罗的海所有航道，进可攻，退可守，成了海盗栖息的理想处所。1392年，贝克尔率领海盗占据了这里。

贝克尔及他的海盗手下们，不认为自己是海盗，而自认为是“利克德勒尔”，

海盗的猖獗，大大打击了正在蓬勃兴起的商贸活动，海上航线几近瘫痪。许多从事海上贸易的商人开始认识到，要联合起来对抗有组织的海盗抢劫。在1241年，吕贝克和汉堡两个城市的商人首先缔结盟约。不久，不来梅、科隆、罗斯托克等城市也陆续加入，史称为“汉萨同盟”。“汉萨”（Hanse）原为德语，意思就是“同业公会”。

意思是“均分者”，他们只不过是把富商显贵们用不正当的手段聚敛起来的钱财拿过来再分配而已。更有意思的是，每次抢劫之前，他们都要向神父忏悔和领圣餐，似乎是要取得上帝的同意和谅解后，才开始行动。海盗们还有着严明的纪律，任何人都不得携带金钱和珍宝上船，船上禁止喝酒和赌博。他们团伙中没有妇女，是个纯粹的男性社会。船长权力极大，违反禁令的海盗将受到严厉的惩罚。

严明的纪律和均分的思想，让这些海盗成为了“民间英雄”，他们从不虐待俘虏，在遭到攻击时未作反抗的商人可以保留一定份额的货物，俘虏可以得到食物和衣服，海盗会把他们送到最近的一个港口释放。对于有些人来说，贝克尔是一只可怕的海狼，但在另一些人眼里，他却是“海上的罗宾汉”。在劫掠富人之后，他常常把劫夺来的财富赠送给穷人，并且向教堂和慈善机构捐献了大量的黄金。就这样，贝克尔的队伍迅速壮大，他指挥着一支 50 多艘船只组成的海盗舰队在波罗的海至北海一带往来驰骋，俨然是北欧的海上霸主。

▲ [玛格丽特一世]

玛格丽特一世是丹麦、瑞典和挪威女王，她建立了统一丹麦、瑞典和挪威的卡尔马同盟。她是中世纪最重要的人物之一，同时也是世界史中最伟大的女性之一，其毕生致力于统一北欧各国。

玛格丽特一世的棺材放在罗斯基勒大教堂中。这个被列入世界遗产的大教堂中共陈列着 39 位国王和王后的棺材，其他 38 位的棺材均放在旁室中，只有玛格丽特一世的棺材直接放在神坛前。

粮食兄弟

贝克尔船长又被称为“粮食兄弟”，他得到这个奇怪的称号是在 1389 年。当时的挪威和丹麦共同的女王玛格丽特一世野心勃勃，趁瑞典政局不稳之际发兵入侵。瑞典首都斯德哥尔摩被丹麦军队围城三年，只剩下了海路还没有遭到封锁。而且城内粮食将尽，迫不得已之下，瑞典王室开始向海盗求救。接到求救信后，贝克尔表现出了最大的侠义之心。他义无反顾地站在了被攻击的瑞典一方，表示即使付出再大的代价，也要给斯德哥尔摩守城者送去粮食。这时候的斯德哥尔摩已是岌岌可危，就在城里的居民们开始绝望的时候，贝克尔船长率领的海盗船队犹如神兵天降，奇迹般的出现在海岸线上。贝克尔采取了声东击西的战术，他将海盗们兵分两路，一支舰队与丹麦海军缠斗使其不能脱身。另一支舰队利用丹麦舰队的混乱快速绕过其侧翼，进入斯德哥尔摩内港，为守城者送去粮食和武器。守城者得到了海盗们的援助后，士气大涨，他们趁势从城门内掩杀而出，与"可爱的海盗们"里应外合，很快击退了丹麦人的军队。斯德哥尔摩解围了，被困多日的人们庆祝胜利，也没有忘记感谢给他们带来粮食的贝克尔船长，瑞典王室为了向支援他们的海盗表示感谢，对贝克尔的船队颁发了一份海盗活动可以彻底合法化的"海盗证书"。凭借这份证书，贝克尔的船队可以在瑞典港口补给和贸易。贝克尔指挥的这次海盗船队救援之战也被写进了北欧历史中。

▲［汉堡风情－德国］

斯德哥尔摩围城之战创造了这样一个模式：在战争期间，敌对双方利用海盗阻断对方的交通，破坏对方的贸易，乃至于攻击对方的舰队和城镇；而在和平期间，则双方联手镇压海盗。

贝克尔之死

1393 年 4 月后，贝克尔的势力越来越强大，他们洗劫并烧毁了挪威南部一座富裕的贸易城市卑尔根。他们不放过任何船只，很多船根本不敢到公海上来。当贝克尔的海盗船在北海变得越来越肆无忌惮时，英格兰国王理查二世和丹麦女王玛格丽特一世为了共同打击海盗而联合起来。1401 年夏天，当贝克尔在北海以“之”字形逆风航行时，遭到了英格兰船只伏击。经过一场激烈的海战，海盗们最终遭到惨败。在这场战斗中，包括贝克尔在内共有 73 名海盗被俘虏，40 名海盗被杀死。随后，这位海盗船长被送回其祖国德国审判，在那里被判处砍头的极刑。

1401 年 10 月的一天，被捕的贝克尔和他的海盗兄弟一起被押往格拉斯布鲁克。当绞索即将套上他们的脖子时，贝克尔向汉堡的议员提出了条件：他许诺将拿出一个像花环一样美丽的金锚链及无数的金币，再加上向汉堡捐赠一个金质的教堂钟楼楼顶，以此来赎买海盗们的自由。这个请求被断然拒绝，73 名海盗人头落地。随后，他们血淋淋的头颅被一排排钉在木桩上示众。汉堡的议员当时确信，不论采取什么手段，他们总会找到贝克尔的宝藏的。但后来的事实证明，这些议员们的想法错了，他们根本找不到贝克尔的宝藏藏在哪里。

在海上肆虐期间，贝克尔率领的海盗不但积聚了数量众多的珍贵物品，而且还攫取了巨大的金银宝藏。为了把抢来的金银财宝尽可能多地运走，海盗们掏空船桅杆，把一部分贵重金属如大量的黄金等熔铸成金锚链，藏匿在桅杆之中。

后来，贝克尔的海盗船“红色魔鬼”号被一个普通的渔民买了下来，他想把船的船板、船舷和桅杆锯成木柴。在锯断三根桅杆时，在凹处发现了大量的金币和银币。原来这是“粮食兄弟”抢来的战利品。但这个渔民并没有留下宝藏，而是把装满财宝的桅杆埋到了一个秘密的地方。直到今天，这个德国海盗船长的所有财产仍然下落不明。

▲ [北海]

海盗君主

克努特一世

克努特一世是当时西北欧真正的霸主，是诺曼人征服时代的风云人物，他使丹麦国势达到鼎盛，史称“克努特大帝”或“克努特一世”，其统治的王国被称为北海帝国，他的统治是北欧海盗最后的辉煌，自此之后，北欧海盗再也没有取得过骄人的战绩。

▲［克努特一世画像－中世纪］

公元995年，被称作维京“八字胡须王”的丹麦国王斯凡迎来了他第二个儿子的出生。这个孩子就是日后被称作克努特一世的传奇维京国王。1012年，斯凡率军击败英王“邪恶顾问”埃塞尔雷德二世，并于1014年征服了英格兰大部分地区，成为第一个被英格兰人承认为国王的丹麦人。

成为英格兰国王

斯凡死后，他的儿子哈拉尔和克努特瓜分了父亲的帝国，哈拉尔当丹麦国王，克努特当英格兰国王。但英格兰民心尊崇阿尔弗雷德大帝的后人，拒绝克努特当他们的国王，克努特被迫回到丹麦。

1015年，在哈拉尔支持下，克努特率领一支共有200艘海盗船的船队来到英格兰，与埃塞尔雷德二世的儿子埃德蒙二世的军队展开了激战，双方互有胜负。后来由于丹麦海盗骁勇善战，克努特最终打败了英格兰人，但未能彻底令英格兰人屈服。1016年，他与英格兰人达成妥协，英格兰一分为二，由他与埃德蒙二世分治。这也是丹麦海盗历史上最后一次大规模远征。同年11月，埃德蒙二世去世，克努特控制了英格兰并继承了英格兰王位。1017年，他与前英格兰国王埃塞尔雷德二世的遗孀诺曼底的埃玛结婚。1019年，丹麦国王哈拉尔突然去世，克努特回国继承了丹麦王位。这样他就同时成为了丹、英两个王国的国王。

建立御林军

年纪轻轻的克努特成了一个庞大帝国的统治者，但他并没有因此而满足。北欧人崇尚武力的血液在他的身体里跳动。他新建了一支小型的精锐部队“御林军”，这是一支由富家子弟和年轻的贵族后裔组成的军队。他们总是跟随在克努特左右，吃住都在宫里。他们有严

克努特的一个臣下谄媚说，克努特是海洋的统治者，连海洋也会听他的命令。克努特于是下令将椅子放在海边，命令海水不准打湿椅脚，结果可想而知，他斥责了大臣的胡说八道，称上帝才是大海的统治者，国王的权力只是很小的一点点。

▲［克努特钱币］

格的纪律，就像约姆斯堡的海盗那样，生活极为苛严，纪律严明，战斗力很强，对克努特忠心耿耿。这支军队对维持克努特的帝国作用重大。

征服瑞典

在克努特的声望如日中天的时候，挪威国王奥拉夫二世的统治却出现了危机，挪威人对其极为不满。1028年，克努特在挪威贵族的支持下乘机进军挪威并打败了奥拉夫二世。奥拉夫二世逃亡国外，克努特又当上了挪威国王，同时统治瑞典南部地区，1030年，他又击败了奥拉夫二世的反扑，并且杀死了奥拉夫二世。这样，克努特建立了包括今丹麦、挪威、英格兰、苏格兰大部和瑞典南部的大帝国，被尊称为“克努特大帝”，他的帝国也被称为“北海帝国”，是历史上唯一一个几乎统一了北海沿岸地区的帝王。

在他的大帝国中，克努特更喜欢英格兰，一年的大部分时间都住在英格兰。在英格兰，他开始时以征服者的身份强硬统治，但后来渐渐转而采用绥靖政策，给教堂大量捐款，取得当地教会的信任和支持。他还为消除丹麦人和英格兰人之间的嫌隙而努力。自他的祖父蓝牙王起，丹麦王室就以基督徒的身份治国，克努特多次派牧师到丹麦传教布道，在他统治时期，丹麦的基督教发展迅速。

克努特大帝先后有过两位王后：第一位王后是北桑普顿的艾尔夫吉夫，生有两个儿子：斯韦恩·克努特森（1016—1035年）和哈罗德一世（即兔足王）。

第二位王后为诺曼底的埃玛，生有一儿一女：哈德克努特（1018—1042年，英格兰王，1040—1042年在位）和丹麦的贡希尔达。

政治手段

克努特住在英国时，他就让他的妹夫乌尔夫伯爵在丹麦当副王。乌尔夫企图利用丹麦人对克努特的不满，阴谋夺取权力。克努特闻讯后，迅速回到丹麦粉碎了这一阴谋。乌尔夫逃进了一所教堂。他以为教堂是圣地，克努特不会来杀他。但是，克努特的士兵在教堂里抓住了乌尔夫，并在圣坛前杀死了他。克努特虽然因此向他的妹妹和教堂付了一大笔罚款，但还是可以看出，克努特的思想中有基督教忏悔的一面，也仍留存有奥丁神好勇斗狠的一面，他正好反映了此时丹麦两种宗教交替时代的复杂性。

克努特还主持编纂了《克努特法典》，明文规定了国王的权力。同时为了拉拢人心，克努特在英国设立了四个伯国，其中威塞克斯伯国由丹麦人戈德温统治，四个伯爵都是一方诸侯，都有很大权势，而威塞克斯伯爵戈德温在四个伯国里的势力是最强的。

1035年，克努特大帝去世，他的北海大帝国很快就分崩离析，成为历史上的昙花一现。他的统治是北欧海盗最后的辉煌，自此之后，海盗王国再也没有取得过骄人的战绩。

加勒比海盗

Pirates of the Caribbean

如流星一样璀璨的可怕海盗

弗朗西斯·沃尔尼

弗朗西斯·沃尔尼出身于贵族，在不堪巨债的压迫下做了海盗。由于他生性勇猛，并且有着不凡的天赋，他的海盗势力发展很快，但他也如流星一般，只存在了两年就销声匿迹了。

弗朗西斯·沃尔尼1584年出生于英格兰赫特福德郡特林的潘德利庄园。从他的名字就可以知道，他是一位贵族，并且家世非常显赫。关于他的记录很少，大概只知道，他有着非常好的身材和面孔，高大、英俊，由于父母双亡，并且受到家族的排挤，他在牛津三一学院上学期间就担负着巨额的债务。这让他不堪重负，于是沃尔尼卖掉了父母留给他的遗产。1608年他出走到非洲，虽说是以旅行的名义，但可想而知，不名一文的沃尔尼成为了海盗。

沃尔尼此前虽未出过海，但他就像一名天生的海盗，对于抢劫有着非一般的天赋，很快他就搞到了自己的船，并成为船长，随着势力的不断发展，沃尔尼还成为了突尼斯海盗联盟早期的4位领导人之一。

但是，或许是由于他过于勇猛，他的事迹仅有两年的记载，1610年后，就再也没有了他的消息，是隐退还是战死了？人们不得而知。

▶ [弗朗西斯·沃尔尼]

弗朗西斯·沃尔尼爵士油画肖像，自17世纪初以来一直在克莱登议院展出。

埃斯佩兰萨角的宝藏

贝尼托·博尼托

贝尼托·博尼托原是英国海军军官，后来不知为何成了海盗。据说他是科科斯岛上藏宝最多的海盗，其埋藏的财宝重达7吨。

葡萄牙海盗贝尼托·博尼托的真名是贝内特·格雷厄姆，他在1815年之前一直为英国海军服务，后来不知是什么原因，格雷厄姆突然离开了舰队，变成了一个著名的奴隶贩子和海盗，并改名为贝尼托·博尼托。他的暴行为他带来了“血刃”的外号。博尼托的宝藏来自于他经常率领手下袭击的西班牙运金船和秘鲁的教堂。

博尼托等人也因此经常遭到西班牙人的追击。1820年，这位海盗头子就在西班牙人的袭击之下仓皇逃到了科科斯岛，在岛上埋藏了自己的宝藏，据说宝藏重达7吨，并且藏在了一棵棕榈树附近。

不久之后，博尼托与手下被英国海军拦截并抓获，博尼托和他的80余名追随者都被送上了绞刑架。只有两个名叫汤普森与沙佩勒的海盗同伙逃脱了，另外还有博尼托抢来的情妇玛丽得以免除死刑。只不过玛丽不久就被流放到了塔斯马尼。

博尼托生前十分喜欢科科斯岛南部的埃斯佩兰萨角，那里有条从天而降的瀑布，据说他的宝藏就藏在一个峡谷和两条从天而降的奔腾瀑布之间的一个岩洞处。多年以后，汤普森与沙佩勒一直杳无音讯，不知所终，而玛丽已经身为他人妇。玛丽的丈夫韦尔奇为了得到博尼托的宝藏来到科科斯岛，可惜一无所获。他们早就找不到玛丽所说的地方了。

▲ [藏宝地－科科斯岛]
博尼托在此岛上埋下了宝藏，据说宝藏重达7吨。

1932年，一位名为莱基的人在新仪器的帮助下，在科科斯岛找到了价值几百万英镑的宝藏，经检测，这就是博尼托那个年代的宝藏。

白棉布杰克

约翰·莱克汉姆

“白棉布杰克”，原名约翰·莱克汉姆，之所以有这么个绰号是因为他总是穿着条纹长裤和外套。他的出名是由于他与安妮·邦尼的结盟和他悲惨的死法。

[杰克船长－加勒比海盗]

电影《加勒比海盗》中的杰克船长，是一个讲义气、够仗义的家伙，而且很聪明，总能化险为夷。18世纪初英国著名的海盗“白棉布杰克”，被广泛认为是杰克船长的原型，只不过他并没有电影里的杰克那般仗义，也没能次次化险为夷，而且死得很惨。

“白棉布杰克”的海盗生涯始于他对查尔斯·韦恩的船只的掌控。韦恩是海盗宝藏船的船长，在一次和一个法国士兵打斗时被挫败。在船上担任军需官的“白棉布杰克”被韦恩的怯懦激怒了，他带领自己的手下进行哗变，把韦恩和他的支持者驱赶进一艘小帆船，放逐了他们。“白棉布杰克”于是由原来的军需官变成了新船长。

后来，“白棉布杰克”在新普罗维登斯岛遇见了安妮·邦尼。他说服她抛弃了原来的丈夫，然后女扮男装，在他的海盗船上入伙（玛丽·里德同样是女扮男装，而且早已是“白棉布杰克”的同伙）。1720年，英国皇家总督伍兹·罗杰斯的海盗搜捕队攻击“白棉布杰克”的船时，安妮和玛丽当时都在船上。

在战斗中，“白棉布杰克”临阵脱逃，和同伙躲藏到货舱里，把安妮和玛丽留在甲板上对抗英军。

后来，海盗被打败，“白棉布杰克”被审判并被处以绞刑，而且身上被涂满了焦油示众。“白棉布杰克”作为海盗的经历乏善可陈，不过他却是海盗旗的倡导者。在抢劫时，他喜欢在船头挂上黑底骷髅头的海盗旗。

爱上女海盗的女海盗
安妮·邦尼

安妮·邦尼是历史上最著名的女海盗之一，她是其父亲与女佣的私生女，18世纪初她离开家加入了“白棉布杰克”的海盗船队，从此开始了海盗生涯。

▲［安妮·邦尼］

安妮出生在爱尔兰，她的父亲是一名律师，她是父亲和一个女佣的私生女。父亲很喜欢她并经常带她在身边，让她扮作一个小男孩，向别人谎称是自己的跟班。后来，父亲的妻子知道了真相，她气急败坏地与安妮的父亲发生了争吵。经过激烈的思想斗争，安妮的父亲最终带着女佣和安妮远走高飞，三人渡过大西洋来到了今天的美国西海岸，安妮的父亲在这里经商并积累了大量的财富，买下了一座大庄园。物质生活的改变，以及安妮从小男孩子的经历，加上父亲的溺爱，使安妮变得任性妄为、肆无忌惮。在她13岁时，因为和佣人拌嘴，她竟然拿餐刀扎向佣人的肚子。

16岁那年，安妮认识了一个叫詹姆斯·邦尼的水手，这位水手用甜言蜜语将她迷得团团转，但詹姆斯并非真的喜欢她，而是看上了她父亲的财产，为了得到它们，他才故意接近她。安妮的父亲坚决反对他们在一起，在识破了詹姆斯的意图后，他决定断绝父女关系并把他们赶出了庄园。于是骄傲的安妮索性改叫安妮·邦尼，跟着詹姆斯上了海盗船，当起了海盗。在拿骚，安妮·邦尼碰到了比詹姆斯更彪悍的海盗“白棉布杰克”，于是安妮·邦尼甩掉了詹姆斯并成为了杰克的情人。

在杰克的船上，有位清秀俊美的小伙子引起了安妮·邦尼的注意。此后安妮·邦尼和这个小伙子的关系越来越亲近。杰克心生疑虑和妒忌，他觉得安妮·邦尼和这个小伙子的关系已经超出了友谊的范畴，终于有一天他要求两人给出解释。这才弄明白这个年轻人是女儿身，她的名字叫作玛丽·里德。

玛丽·里德出生于伦敦，是一个商船队船长的妻子在海上同其他人的私生女。据说，这位母亲把孩子出生的消息隐瞒了一段时间，由于她的第一个儿子已经夭折，而且丈夫出海时去世，所以她决定把这个女儿当儿子养，并把她带回丈夫家里继承遗产。由于继承了遗产，玛丽·里德童年时和母亲生活得很好，长大后，她仍旧是一身小伙子的打扮。后来，她参加了海军，并结识了一位战友。之后就和他结了婚，但丈夫不久就死了，悲伤的她重新装扮成男子到处漂泊，直到被杰克的海盗船俘虏。

自此玛丽·里德就加入了他们的海盗队伍。不论是在航行中，还是在战斗的时候，这两个女人都非常勇猛，同其他男性船员没有什么区别。她们和男人一样善于打斗，甚至有过之而无不及。随着时间的推移，他们在海盗生涯中取得了多次胜利，他们最终引起了牙买加总督的注意，他命令伍兹·罗杰斯的海盗搜捕队率船终结了这个三人组的海盗岁月。当时，杰克船上的大部分船员包括杰克本人都已经喝醉，根本无法进行抵抗，他们躲在货舱里，轻而易举地就被俘虏。而只有安妮·邦尼和玛丽·里德两人坚持战斗，孤立无援的她们最后也被俘虏了，并和其他海盗一起接受了审判。这场审判对整个加勒比海地区都有影响，因为这场审判首次从书面上证明了女海盗的存在。杰克和其他船员被判处绞刑。但安妮·邦尼和玛丽·里德被免于处死，因为在最后审判的时候，两位女海盗不约而同的翻供，并声称自己都怀有身孕。这令当时的法庭一片哗然。于是派出医生对二人检查，证明二人确实怀有身孕后，她们的死刑暂缓执行，等她们生了孩子再说。

▲［玛丽和安妮的雕像］
矗立在巴哈马的玛丽和安妮的青铜像。

尽管身为囚犯，但在杰克被施以绞刑的前一刻，安妮·邦尼被允许同他说话。对她的男人和冒险生涯中的伴侣，安妮·邦尼斩钉截铁地撂下了这样的话：“你要是能像男人一样战斗的话，就不会死的像狗一样。”

两个女海盗的监狱生活很快就要结束。不幸的是，玛丽·里德因为感染疾病死在狱中。安妮·邦尼的父亲得知了她的处境后，便带上一位律师朋友前去找她，两人为安妮·邦尼说情并买通了牙买加总督。安妮·邦尼被释放了，她销毁了自己的档案资料，回到父母家中安度了余生。

另一种说法是，安妮·邦尼被赦免并不是因为她父亲用钱从中干预，而是因为牙买加总督收到了一封来自海盗之王巴沙洛缪·罗伯茨的信。信中的内容语气强硬，带有很强的威胁成分。总督只好把安妮·邦尼释放了。被放出来后，安妮·邦尼便从历史上销声匿迹了。当时，她刚满 20 岁，生了一个男孩。也有人说她后来同他父亲的那位律师朋友结婚了。

勇敢的女海盗“战士”

玛丽·里德

玛丽·里德（1690—1721年），英籍海盗，拿骚海盗共和国的创始人之一，死于牙买加。她是在所有恶名昭彰的加勒比海盗中最神秘的人物。

[伊丽莎白·斯旺 剧照]
凯拉·耐特丽饰演的伊丽莎白·斯旺风情万种，但跟海盗情人并肩作战时，就一显巾帼不让须眉的飒爽英姿。加勒比历史上真的就有两位女海盗，而电影中的形象，就有这位女海盗玛丽·里德的影子。

为她成为海盗打下了性格基础

玛丽·里德出生于1690年，是她守寡的母亲与一位船长的私生女。母亲将玛丽·里德打扮成一个小男孩，对外顶替她很早就夭折的长子，并把她带回丈夫家里继承遗产。她们做得非常成功，玛丽·里德一直长到十五六岁，都没人发现她的秘密。从而也养成了玛丽·里德男孩子般的性格，大大咧咧，敢作敢为，也为她成为海盗打下了性格基础。

稍大后，利用她的乔装技能，玛丽·里德到一艘商船上做了一名最下层的海员，后来又到了英国皇家海军中任职。在随海军征战期间，作战非常英勇的玛丽·里德曾有希望晋升为军官，直到一名与她共事的佛兰德士兵闯入了她的生活，他们相爱了。战争结束后，玛丽·里德和恋人脱下戎装，用复员费在荷兰开了一家小酒店。不料，幸福的生活刚刚开始，玛丽·里德的新婚丈夫就患病去世了，她成了寡妇。

玛丽·里德加入了海盗

迫于生计，悲痛的玛丽·里德只得再次穿上男装，并化名为“詹姆斯·基德”，登上一艘前往西印度群岛的远洋商船做了水手，离开了欧洲。

不久后，商船被海盗劫持，也许出于自愿，也许是被胁迫，玛丽·里德加入了海盗船，这艘海盗船的船长就是“白棉布杰克”——约翰·莱克汉姆，后来杰克的情人安妮·邦尼也来到船上。1720年8月22日，三人从港口拿骚偷了“威廉”号武装单桅帆船出海。

玛丽·里德和安妮·邦尼的关系日益亲密，这引起杰克的怀疑和妒忌，终于有一天他要求两人给出解释，这才知道玛丽·里德是女儿身。

全体船员被捕

1720年11月15日，他们的船只遭到伍兹·罗杰斯的海盗搜捕队围剿，当时大多海盗都酒醉未醒，包括杰克在内，毫无抵抗之力，他们躲在货舱里，只剩下玛丽·里德和安妮·邦尼二人全力奋战。

最终，全体船员被捕并以海盗身份判处绞刑。玛丽·里德在法庭上做过这么一次陈述：“其实绞刑并没什么可怕的。要不是有绞刑，那些胆小的人也可以成为海盗，那么勇敢的人就找不到用武之地了。”

▲ [玛丽·里德刺杀敌人－插画]

玛丽·里德在战斗中将敌人击杀在地，然后她掀开衣服，告诉对方，让其知道是死于女人之手。

玛丽·里德死于狱中

在审判中，安妮·邦尼和玛丽·里德表明她们已有身孕，因英国法律禁止处死孕妇，她们的行刑得以缓期执行。玛丽·里德和安妮·邦尼随后被转往金斯敦监狱。由于监狱环境极不卫生，没等到孩子出生，玛丽·里德的身体状况不断恶化。

玛丽·里德最终在监狱里发高烧去世。1721年4月28日，她的葬礼在牙买加圣凯瑟琳教堂举行，没有孩子的葬礼记录，暗示她可能还在怀孕就死了。

从16世纪开始，当欧洲冒险家开始探索新大陆时，在世界各地航行的满载黄金和其他货物的船只，刺激着收入微薄的水手们的野心，后来欧洲列强之间为了拓展海外殖民地而相互竞争，在英国女王陛下的许可下，“鼓励英国的武装民船袭击敌国船只”，这就为海盗行为提供了法律许可。然而，当英西战争结束后，女王陛下收回这道法令时，大多数的私掠船船长却不想就此停手，越来越多的人开始投身海盗这种“很有前途的职业”。

世界第三大航海家海盗

乔治·安逊

乔治·安逊是一位被英国女王加封的勋爵和航海家，但他同时又是一位声名显赫的海盗。传说中，乔治·安逊曾在鲁滨逊岛上埋藏了巨额宝藏。

安逊于1712年15岁时即加入海军，1723年26岁便晋升为上校舰长。1739年詹金斯的耳朵战争爆发，安逊奉命率舰队去太平洋劫掠西班牙帝国的财宝运输船。

引人注目的一次航海

在1740年英国与西班牙交战时，已晋升为海军准将的乔治·安逊领导一个中队的6只船从英国出发越过大西洋驶向太平洋，袭扰西班牙在太平洋上的船只并掠夺财宝，他途经好望角时，6艘船便损失了3艘，后来又损失两艘，最后仅剩一艘“百夫长”号舰船进入了太平洋，并于1743年抵达菲律宾附近海域。

在这里，乔治·安逊指挥“百夫长”号俘获了一艘西班牙运送财宝的大帆船，然后将这些财宝的部分运到我国广东拍卖，获得40万英镑后如同英雄般回到英国，结束了长达3年9个月的环球航海，他的这次航行因为俘获了巨大的马尼拉大帆船，并且托运着50万英镑以上的财富而引人注目。

▲ ［乔治·安逊上将］

乔治·安逊（1697—1762年），英国近代海军改革者，海军上将。英国皇家海军继弗朗西斯·德雷克后第二个环球航行的舰长。Anson是神的儿子的意思，安逊是永恒的意思。

詹金斯的耳朵战争：根据1729年订立的《塞维尔条约》，英方曾同意不与西班牙的殖民地进行贸易。为了确保条约有效落实，西班牙被允许在其领海范围内登上英国船只进行巡检。可是在1731年，英国商船“丽贝卡”号船长罗伯特·詹金斯报称在加勒比海的西班牙海域遭到西班牙当局的人员登船搜掠，而且还将他的一只耳朵割下。

以此为导火线发生的英国与西班牙的一场自1739—1748年的军事冲突即称为詹金斯的耳朵战争。后来自1742年起，有关战争成为奥地利王位继承战争的一部分，最后以西班牙帝国获胜告终。

奥地利王位继承战争：奥地利王位继承战争是欧洲两大联盟为争夺奥属领地，因奥地利王位继承权问题而引起的，它于1740—1748年以中欧为主要战场展开。

损失惨重的一次远航

乔治·安逊舰队的6艘船在一年中错误的时间出发了，他们的食品储藏技术很差，以至于到达太平洋之前，很多食物已经发霉，比这更糟糕的是，甲板下面通风不畅，甚至在他们还没有渡过大西洋时，一种发烧流行病就袭击了船员，其中80人病情严重，被迫留在了巴西。留下的幸存者处于一种孤立无援的状态，并且经常为涨潮所困扰。由于没有采取适当的措施来预防坏血病，几乎每个船员都很快染上了这种疾病。

▲［舰船上喝酒的木制酒杯］

由于在军舰上存储大量的安全饮用水有一定难度，因而船上一般大量存储麦芽酒，船上的成员每天可分得一定数量的麦芽酒。

两个月内，仅旗舰“百夫长”号上就有120人死于坏血病。患者的症状包括胸膜炎、黄疸病和被海员称为“小公牛肝”的那种溃疡，患者的牙龈出血，然后牙齿脱落，这使他们不可能咀嚼船上坚硬的饼干，而饼干是他们的主要食物。后来他们发现吃“芜菁、萝卜和坏血病草”可以使病情缓慢恢复。然而，损失已经无可挽回，在旗舰“百夫长”号上的570名船员中，最后只有130人返回了英格兰。

▲［鲁滨逊·克鲁索岛］

鲁滨逊·克鲁索岛又叫鲁滨逊漂流岛，位于智利海港瓦尔帕莱索以西670千米的南太平洋上，是胡安·费尔南德斯群岛中的第一大岛。它原名马萨蒂埃拉岛，后来以英国作家丹尼尔·笛福的著名小说《鲁滨逊漂流记》中主人公鲁滨逊的名字重新命名。

鲁滨逊·克鲁索岛藏宝

1744年，英国海军部委托乔治·安逊去掠夺非洲南部的西班牙帆船和殖民地上的财物。乔治·安逊把鲁滨逊·克鲁索岛作为大本营和避难所，每次出海都是从鲁滨逊·克鲁索岛出发。

鲁滨逊·克鲁索岛距智利西海岸中部约700千米，只有600名居民，属于七年战争是指 1756—1763 年间，由欧洲主要国家组成的两大交战集团（英国、法国以及普鲁士的侵略政策与奥地利和俄国的国际政治利益发生冲突）在欧洲、北美洲、印度等广大地域和海域进行的争夺殖民地和领土的战争。

智利胡安·费尔南德斯群岛的一部分，曾是海盗穿越太平洋的避难所。

一次，乔治·安逊掠夺了一艘西班牙运宝商船，据说他那次共抢得 846 箱黄金和宝石，总价值高达 100 亿美元，是有史以来最为巨大的一笔海盗财宝。后来，在西班牙当局的追捕下，乔治·安逊回到鲁滨逊·克鲁索岛，将宝藏埋藏在一个洞穴里，并在羊皮纸上详细记录了洞穴的周围环境和沿途的各种地形地貌特征，打算等时机成熟后再来岛上挖掘宝藏。

后来，由于“战绩”显赫，乔治·安逊被女王封为勋爵。碍于冠冕堂皇的身份，乔治·安逊没有机会再回到鲁滨逊·克鲁索岛来寻找那批黄金，只能珍藏着他当年画下的那张藏宝图。

乔治·安逊在 1751—1756 年和 1757—1762 年曾两度出任英国海军大臣。在任职期间，他组织领导英国海军参与了 1756—1763 年的“七年战争”。他改革了英国舰队组织，修正了作战方案，建立了海军陆战队，提高了英国舰队的作战能力，并写了《环绕世界航行》一书，描写了他的航海经历。为表彰其功绩，1761 年乔治·安逊被授予海军元帅军衔。乔治·安逊于 1762 年 6 月 6 日去世，终年 65 岁。

乔治·安逊率领的“百夫长”号是第一艘越过太平洋到达中国水域的英国船只。

[“百夫长”号舰船模型]

海盗作家

亚历山大·埃斯奎默林

亚历山大·埃斯奎默林是海盗中少有的充满文化气息的人物，因为他先后从事理发师、医生等职业，带着浓厚的胡格诺教徒的背景加入海盗，并在后来成功退出海盗团体，于1678年出版《美国海盗》一书，记录了加勒比海地区的海盗事迹，尤其是记录了亨利·摩根的劫掠活动。

亚历山大·埃斯奎默林1645年出生在法国翁弗勒尔，在21岁时埃斯奎默林被法国西印度公司聘请，以仆人的身份为海盗船服务，一干就是3年。这3年中，他见识了不少海盗抢劫、掩藏、战争和分赃的行为，并在那里结识了海盗头子亨利·摩根。

▲ [《美国海盗》第一版节选]

雇佣海盗

埃斯奎默林加入的“西印度公司”是一群活跃在17世纪早期的法国海盗，原本是以打猎为生的猎手，当发现海盗“生意”更易做后，于1630年移居到托尔图加岛（该岛是伊斯帕尼奥拉岛附近一个形似海龟的小海岛，后来被称为龟岛），这批猎手的集结，引来了更多的乌合之众，他们因为亦猎亦盗的身份以及政府给出的高额雇佣金，招募了很多服务人员，而埃斯奎默林就是这样的仆人。

其实这时期的海盗，并不能称为真正意义上的海盗，他们是一群海上流浪者，但所作所为像是海盗，而且这批“雇佣海盗”是听命于国家的海上匪徒。尤其在战争时期，各国政府会付给他们佣金，指使他们袭击敌国的商船。因此“雇佣海盗”根本不算是海盗，他们背后有政府的支持。类似地，“北非海盗”的劫掠行为也是得到政府授意的。区别只在于，“北非海盗”以宗教信仰作为基础挑选袭击目标船只。

正因为这个身份，才让埃斯奎默林的名字不仅登记在荷兰外科医生行会名册上，还出现在加勒比海盗的花名册上。

海盗作家

埃斯奎默林将接触到的所有海盗事迹写成一书，名为《美国海盗》，在1678年发表，书中记录了很多关于海盗的生活细节，比如关于食物的记载。不管是哪条海盗船，其食物都是匮乏的，而且船长与船员所吃的东西是一样的。据埃斯奎默林书中记载，如果船员发现船长的食物比自己的好，就会毫不客气的与之交换食用。

埃斯奎默林的书中还记载着关于海盗的人数。由于海盗人数太多，无法同时栖身于一艘船上，当这种情况出现时，他们就会组建“海盗中队”。以摩根船长为例，他就曾统领着一支由37艘船和2000人组成的海盗船队进攻抢劫。就这样的规模来说，足以攻打西班牙在美洲大陆沿岸的各个据点了。埃斯奎默林还在其他地方提到，曾有一伙西印度海盗，“其手下可参与打家劫舍的船只至少有20艘”。

由于埃斯奎默林的记录，让我们了解了海盗中间的分赃、决斗以及他们的生活，是17世纪海盗最重要的资料来源之一。

▲［天主教的圣巴托罗缪日前夜天主教武装分子在巴黎屠杀两千多名胡格诺教徒］

加尔文教也称为“胡格诺派”，它的观念反映了激进资产阶层的要求，深得法国中基层资产阶层的拥护。胡格诺派力量生长很快，到1562年新教徒团体约有2000多个，分布法国各地，其信徒约占全国人口的四分之一。巴黎大屠杀发生后，埃斯奎默林一家离开法国去了荷兰。

胡格诺派教徒名字的法文原文为Huguenot（英文的拼写与之相同）。把法国加尔文宗新教徒称之为“Huguenot”的由来，流行最广的有三种说法：第一种说法——Huguenot源自瑞士德语Eidgenosse（宣誓入盟者）。法语的最初相应词为“eiguenot”，后演变成为“huguenot”。后一词是故意把该派人士与其时在日内瓦活动的反王权的斗士贝藏松·胡格（1482—1532年）联系起来，强调他们非常激进。

无论是哪一种说法，都是当时法国天主教徒对法国加尔文宗新教徒的蔑称，也表现出当时的法国天主教徒对新教徒的成见、仇恨有多深！

杀人如麻的海盗

弗索瓦斯·洛

弗索瓦斯·洛（1635—1668年），以残暴和野蛮而著称。西班牙人因此称他为“连枷的西班牙”，血腥的海盗永远漫游大海之上。

美国1684年的海盗历史记载，弗索瓦斯·洛的出生地是莱萨布勒多洛讷。17世纪50年代，他第一次作为契约佣工来到加勒比海，并一直持续到1660年。期间，在他抵达圣多明克之前，开始徘徊于海地的各种岛屿并成为了一个海盗。他主要掠夺航行在西班牙和西印度群岛之间的船只。这样度过了两年的海盗生涯。

▲［马拉开波］

马拉开波位于委内瑞拉西北，是该国仅次于首都加拉加斯的第二大城市，也是苏利亚州的首府。

死里逃生

在一次出海中，弗索瓦斯他们的海盗船在墨西哥坎佩切附近发生了海难，一群西班牙士兵趁机袭击了弗索瓦斯和他的船员，海盗们全军覆没。弗索瓦斯隐藏在死人堆里侥幸逃生。

西班牙士兵离开后，弗索瓦斯逃到了托尔图加岛（龟岛）。海盗们利用托尔图加岛易守难攻的自然条件，把这个位于大西洋西部加勒比海的岛修建成了一座固若金汤的海盗要塞。

凶猛残忍的弗索瓦斯

公元1666年，弗索瓦斯从龟岛纠集了8艘海盗船和440名船员，袭击了委内瑞拉海岸富庶的马拉开波城。该城位于今委内瑞拉首都加拉加斯以西，经过三个多小时的血战，海盗们攻下了城堡的要塞，然后他们沿一条运河进入城区，攻下了城池，城里的大多数居民惊慌失措地竞相外逃。

弗索瓦斯在马拉开波城进行了几个星期疯狂的烧杀掳掠。弗索瓦斯是一个凶残的虐待者，他的罪行包括用剑把受害者的肉切片，用火烧活着的受害者，或者把受害者的头部用绳子绑在船的桅杆之上直到他们的眼睛被挖出。海盗作家埃斯奎默林在《前任海盗的传说》中记录了他的行为，“因为这个俘虏拒绝帮助他，他用弯刀切开俘虏的胸膛，用他亵渎神明的手拿出心脏，他的牙齿开始撕咬，像一个贪婪的狼。弗索瓦斯对他的同伙说：如果你不按照我说的去做，我的刀和牙齿将为你服务”。他们不但抓了许多俘虏，圈了成群的骡马，还抢掠了大量的黄金。

随后，弗索瓦斯又带着他的海盗团伙去了海地岛。在那里，海盗们又是大开杀戒，劫得大量黄金，还有宝石、银器、丝绸以及大量的奴隶。

▲［直布罗陀］

直布罗陀是英国的海外属地之一，位于西班牙南面，欧洲伊比利亚半岛南端的城市和港口，直布罗陀的战略地位重要，是重要的要塞和海空军基地。

恶魔般的海盗死于印第安人的乱刀之下

在袭击了马拉开波城不久，弗索瓦斯又组织船队前往直布罗陀城并击败了守卫该城的500名西班牙士兵。海盗们在那里待了足足一个月，日复一日地饮酒狂欢和搜刮珍宝。他们对得到的战利品仍然不知足，于是又返回马拉开波进行勒索，三日后才心满意足地离开。

弗索瓦斯肆无忌惮的作风以及他所掠夺的大量财物，使许多海盗愿意投靠他，而全然不在乎他的变态行为。他可以轻易地组建一支舰队攻打尼加拉瓜海岸附近的西班牙村落。他本人最终也没有得到好下场，他后来被印第安人抓住了，印第安人将他切成碎尸烧掉，骨灰被撒在风中，以示弗索瓦斯这个魔鬼再也不会出现。

马拉开波也有“小威尼斯”的美誉，因为曾经有一位探险家到此地后发现马拉开波湖沿岸的风光和土著居民的水上住宅酷似意大利威尼斯，因而称之为“小威尼斯”。

爱尔兰海盗女王

格雷斯·欧玛蕾

海盗的世界是嗜血、残暴的，在纵横四海的海盗头领当中，鲜有女性存在。毕竟海上恶劣的自然环境、残酷的战斗生活和航海的传统，都排斥女性的存在。在加勒比那群海盗还未壮大之前，就有这样一位女性，她是海盗也是战士，更是一群男人的领袖，她就是——格雷斯·欧玛蕾。

▲［格雷斯·欧玛蕾雕像］

从小立志做船长

在爱尔兰有一位酋长，他是一名战士同时又是一位船长，人称“黑橡树”。他有一个女儿叫格雷斯·欧玛蕾，也就是本文要介绍的海盗女王。

1530年出生的格雷斯·欧玛蕾一直把自己的船长父亲当作偶像，十几岁开始她就剪掉长发，穿上男装跟随父亲出海，虽然这样没有了女孩子的优雅，但还是深受父亲船上的船员们喜爱，获得了一个响亮的绰号“秃头格雷斯”。

首战获胜

在一次随父亲船队出海时，船队遭遇了英国海盗的偷袭，父亲“黑橡树”为保护格雷斯，让她躲在甲板下，可是格雷斯却爬上了船桅，然后一跃，从天而降，在海盗头顶出现，成功帮着父亲击退了英国海盗。

寡妇船长格雷斯

长大后的格雷斯嫁给了爱尔兰贵族奥弗莱厄蒂，其丈夫在一次家族内部战争中身亡，而丈夫的叔伯兄弟们却瓜分了本该属于格雷斯的遗产。生性倔强聪明的格雷斯，为了讨回公道，搬出爱尔兰习俗，她可以继承丈夫的遗产，在娘家力量的支持下，格雷斯获得了夫家三艘船只和 200 名水手的管理权。

有了这些船只，正好可以实现儿时的梦想，格雷斯是天生的战士，凭借着从父亲那里学到的航海知识和技能，南征北战，渐渐脱离了夫家的控制，回到了娘家。

此刻的格雷斯已经拥有了一支庞大船队，她的海盗帝国控制了克鲁湾及五座城堡。

求婚新夫

为了能够让自己的势力更加庞大，格雷斯打算与理查德·宾汉爵士联姻，于是格雷斯便直接登门求婚，并告诉理查德·宾汉爵士如果他们能联姻，可以加强爱尔兰东北部海岸的海防，扩大势力抵抗外侵，开始理查德是拒绝的，可是经不住格雷斯三番五次的登门求亲，

▲［格雷斯第二任丈夫－理查德·宾汉爵士］

1603 年格雷斯葬于建于 12 世纪的西多会教堂，教堂内部是精美的欧梅里家族徽章，上面描绘了家族狩猎、出海和英勇作战的场景，但是却没有格雷斯的棺椁。据说她的棺木在大徽章之后，但是没人确切知道是否真的如此。

▲［理查德·宾汉爵士故居］

此城堡名为：Rockfleet，有 4 层，高十八米，如今已对公众开放。此楼建于 16 世纪中期，是格雷斯和理查德主要的生活场所。

最后理查德答应了她为了扩张势力的求婚。结婚一年后，格雷斯的势力如愿以偿的得到了空前的扩张，此时格雷斯对理查德说“你解放了”，意思是如果理查德愿意，随时可以结束婚姻了。但理查德却一直没有同意离婚，因为理查德已经爱上了霸道的格雷斯，他们的婚姻一直持续到理查德去世为止。

与伊丽莎白一世女王的见面

由于格雷斯横行海上，沿着康诺特郡海岸打家劫舍、抢掠过往商人不说，还屡屡对贵族们的城堡和政府军队发动攻击，英国人无奈之下，抓走了她的儿子和弟弟以要挟格雷斯。

格雷斯获知儿子和弟弟被俘后，立刻起航，会见了女王伊丽莎白一世——海盗时代另一位伟大的女人，格雷斯不会英文，凭着一口流利的西班牙语和女王交谈自如。她请求女王释放她的亲人，并承诺帮助女王对付敌人。

传说格雷斯说完这些后，打了个大喷嚏，女王的侍臣递给她一块绣工精致的名贵手帕，擤完鼻涕后，格雷斯毫不在意地将手帕丢进了燃烧的壁炉。侍臣目瞪口呆，而女王只是温和地责备说，她应该将手帕放进口袋。格雷斯答道，爱尔兰人从不把脏东西放入口袋，这样才能更好地保持清洁，女王笑了，然后答应了她的请求。

比英国女王大3岁的格雷斯，有着能让女王羡慕的经历，我们知道伊丽莎白一世终身未嫁，却有着数不清的情人，想出海远航也只能到德雷克的船上一游；而大她3岁的格雷斯·欧玛蕾，相比之下，活得可就自由多了。老公，死了一个再换一个；带领海盗船队创建了自己的海盗帝国。60岁的格雷斯还在当海盗，在她70岁离世时已经富甲一方。在如今的爱尔兰西点庄园，那里布置得像一个海盗之家，房间里摆满了百宝箱、海盗旗、白兰地酒桶、弯刀、燧发枪和一些有趣的化妆镜。游暇之余可以听格雷斯·欧玛蕾的第14代传人讲述他们的祖先海盗格雷斯的故事。

▲［格雷斯与伊丽莎白一世的见面］

奇怪的海盗船长

斯蒂德·邦尼特

斯蒂德·邦尼特（1688—1718年）是一位18世纪初期的英籍海盗，他与他的船员航行过东部沿海地区的十三个殖民地。尽管他声名狼藉，但经常被称为“绅士海盗”。

▲［黑胡子抢夺英国商船］

海盗大多是因为生活贫困被迫成为海盗，但斯蒂德·邦尼特却不是这样。邦尼特生于英国，受过良好的教育，而且参加过英法战争，凭借聪明才智，他甚至升到了少校的军衔。他没有继续在军中发展，却选择了退役。之后，邦尼特搬到了巴巴多斯岛开始了庄园主的生活。但不知道什么原因，邦尼特悄然放弃了这一切，成为了一名海盗。

自费做海盗

邦尼特首先买了拥有10门大炮的单桅炮舰，将其命名为“复仇”号，并招募了70多名水手，但他并不与船员签订什么合约，而是雇佣他们。他所做的这一切，都是自费做的，这样的做法虽然民主，但也埋下了隐患。

邦尼特并不缺钱，所以当他截获了7艘船只时，他只拿走少量需要的商品，不动船上其他的货物与人员的私人物品，然后再把到手的船只放走，让他们继续航行。看起来如此“人道”的抢劫，令邦尼特的手下非常不满，因为他使海盗们失去一次次发财的机会，而邦尼特依然故我的做着这样的海盗。

由于邦尼特不遵循海盗的习惯，没有获得更多的收入，终于激怒了这些手下，而他又不会开船，在没有得到邦尼特允许的情况下，他的手下们便把船开到了洪都拉斯湾。

加勒比海的洪都拉斯湾可是海盗们聚会的地方，有着数不清的酒吧、赌场和妓院。在这个地方，邦尼特认识了“黑胡子”蒂奇，两人相谈甚欢，而由于自己的那艘船也当不了家，于是邦尼特便去蒂奇的船上当水手去了。

对海盗仁慈却换不回海盗对自己的仁慈

不久之后，不知道什么原因，邦尼特与蒂奇决裂了，于是他又组织了一支自己的船队，并自封“托马斯船长”继续他的海盗生涯。本来可以继续做海盗，结果他又通过关系得到了英国国王的赦免，并领到了一张拘捕证，从此他摇身一变就成了正规军，可以名正言顺地打击他国的船只。奇怪的邦尼特，果然不负他“奇怪”的名称，他不按常理出牌，不但打击了西班牙船，还抢劫了不少英国货船，虽然他只拿走自己需要的东西，但还是惹怒了其他海盗和英国人。

1718年，为了报复邦尼特，海盗们设计让邦尼特的船触在暗礁上搁浅并被军舰围攻，邦尼特与他们持续进行了近5个小时的炮战，由于寡不敌众，船员顶不住就投降了，并把邦尼特交了出去。

邦尼特被囚禁之时，曾成功越狱，但最后还是被抓回来绞死了。邦尼特这个人，从开始出现，凭借他的才智，或许可以做一个成功的海盗，但由于他的“奇怪”，让他的一生走得没有一点章法。邦尼特或许就是一个爱玩的人，他做海盗，是为了玩；抢劫船只，也只是为了玩。他的玩法激怒了很多人，最终被自己玩死了。

“黑色笑话”船长

贝尼托·德索托

贝尼托·德索托出生于西班牙的庞特维德拉，是拿破仑时期著名的海盗，人们称他为“黑色笑话”船长。

[西班牙庞特维德拉的比利亚索夫罗索古堡]

庞特维德拉是西班牙西部一座古老的城市，也是庞特维德拉省的首府，面积约118平方千米。庞特维德拉这个不许开车的“步行城”是一个令人向往的地方。这里打造城市生态环境的做法，值得世界各国中小城市认真借鉴。

德索托早年在阿根廷参加了佩德罗的海盗船队，主要参加贩卖奴隶活动。1827年，德索托与船上的其他海盗在安哥拉海岸罢工，成立了新的海盗组织。18名拒绝加入他们的船员，被他们丢弃在一艘破损的漂流船上。

德索托改变了船的名字，不再按照佩德罗的原定方案将奴隶卖到横跨大西洋的彼岸，而是将他们抢来的货物和奴隶在加勒比出售。然后沿南美海岸向南航行，去攻击英国、美国、西班牙和葡萄牙的货船。从1830年开始，他们开始冒险向东进入大西洋抢劫从印度和远东地区归来的船只。

德索托是最嗜血最凶残的海盗之一，只要是他抢劫的船只，船员都会被杀害，船只也会被沉入海底。德索托的海盗职业生涯中最臭名昭著的事件发生在1828年2月19日。

臭名昭著的事件

1828年2月19日，他们洗劫了一艘从东方锡兰返回英格兰的商船，而后用炮火杀死了船长和所有船员。

在他们关押幸存者期间，德索托和同伙强奸了船上的女性乘客。德索托还要求海盗们在天亮之前必须把船沉入海底，同时杀了全部人灭口，因为他不希望出现任何能证明他有罪的证据。值得庆幸的是，在被关在船舱中并已经开始下沉的商船中的幸存者共同反抗下，商船没有完全下沉。第二天一条商船从那儿路过，搭救了他们。

德索托的海盗船在大西洋上横行霸道，使得过往的船只都非常害怕，有一年夏天德索托决定航行前往拉科鲁尼亚。在路上他遇到了一艘帆船，他命令袭击并击没了这艘船，船员和乘客大多遇难。德索托强迫帆船上剩下的水手帮助他们航行到拉科鲁尼亚，但是当船只到达港口时，德索托将这些水手全部杀掉了。

天网恢恢疏而不漏

德索托后来因海盗船在加迪斯触礁而被俘，他和他的手下被押往直布罗陀审判，德索托和他剩下的船员被判处绞刑。

行刑的时候，德索托或许知道自己罪恶深重，他平静地将他的头伸出放在绞索里，并且提醒刽子手要注意绳索的高度。

“永远不要再见”是他的最后一句话。为了警示其他海盗的犯罪活动，他的头颅被悬挂在一条乡村公路上。

[加迪斯主教座堂]

座堂代表着主教座位的存在。主教座堂指的是在主教制的基督教派中，设有主教座位的教堂，亦被视为教区的中心。

黑色准男爵

巴沙洛缪·罗伯茨

巴沙洛缪·罗伯茨（1682—1722年），出生于英国威尔士，喜欢穿华丽的黑色礼服并满身佩戴珠宝，不喝酒而爱喝茶，语言文雅，很是臭美，所以人们送他一个绰号“黑色准男爵”。

天生的海盗

巴沙洛缪·罗伯茨1682年出生于英国威尔士，他的父亲叫乔治·罗伯茨，他早年间曾在武装民船上服务，当了20年普通水手，1719年，在他37岁时开始参与运奴商队。罗伯茨后来加入戴维斯的海盗船，数周之后戴维斯被杀，他接任了船长一职。1719年7月，他作为海盗船长做的第一件事就是为戴维斯报仇，他率领海盗夷平了杀死戴维斯的葡萄牙殖民地，然后开始抢掠商船，他是海盗黄金时期最成功的海盗之一，控制的范围从非洲一直到加勒比海的广泛海域。

在短短的四年中，他的海盗舰队最多时共拥有400艘海盗船。罗伯茨以冷血著称，劫船后从不留下活口。他头脑聪明，作战勇敢，总是带头登上敌舰。他还以疯狂的掠夺出名，不仅掠夺商船，连海军也从不放过，他的旗舰“皇家财富”号，就是抢来的法国军舰。

1720年6月，罗伯茨的“皇家流浪”

▲ [黑色准男爵－罗伯茨]

罗伯茨相貌英俊，喜欢穿华丽的服饰，他是少有的禁酒主义者，但有喝茶的爱好。

[巴沙洛缪·罗伯茨的船队]
曾有人记录他一生中共劫掠400多条船只，包括普通民用船、商用甚至军队专用船只，其中知名的三艘船分别是“皇家财富”号、“皇家流浪”号、“皇家幸福”号。

号高高悬挂着骷髅旗，闯进特雷巴西港，将150余条船洗劫一空；他从中挑了一条最好的快船，作为新的旗舰，取名为“皇家幸福”号。

据说他一生掠夺了数百艘船只，其横行的地域延伸到巴西甚至更远的纽芬兰岛和西非地区，数量可以与亨利·摩根媲美，在整个海盗史上也是数一数二的。

矛盾的性格

罗伯茨相貌英俊，喜欢穿着华丽的服饰。与大多数海盗不同，他是少有的禁酒主义者，但是有喝茶的爱好。他禁止船员赌博，却鼓励他们向上帝祈祷，他本人也是海盗中少有的虔诚的基督徒。他曾经说过：“合法的工作是瘦弱的平民做的，工资微薄，劳动强度很大；而做海盗会有丰厚的收入，温饱和快乐的生活，以及自由和权势；不必担心欠债，最大的代价就是受到几个煽动者的仇视。不，我的座右铭就是过及时行乐的生活。”

但是其思想和行为举止却又相悖。罗伯茨既冷血、疯狂又残暴，凡是他抢劫过的船只几乎不留活口，就是这样一个暴徒偏偏还是一位虔诚的基督徒，不得不说，他的性格充满了矛盾。

巴沙洛缪·罗伯茨之死

1722年2月10日凌晨，在非洲几内亚沿海，罗伯茨的“皇家幸福”号旗舰遭遇了英国皇家海军的“皇家燕子”号，激战中，一块葡萄弹的弹片炸开了罗伯茨的喉咙，他当场毙命。传说他的舵手，一个杀人不眨眼的硬汉完全无视周围的

从正文中我们可以知道，罗伯茨有着非常人的军事智慧，同时，他又是基督教的信徒，经常鼓励船员和他一起做祷告，还严禁船员之间打架斗殴，聚众赌博。这种双重性格让人搞不清楚巴沙洛缪·罗伯茨是怎样的人。

▲［海盗骷髅标志］

枪弹，抱着他的尸体像孩子一样放声大哭。其余的海盗不愿意束手就擒，他们驾船逃跑但被"皇家燕子"号追上，失去罗伯茨指挥后的海盗们胡乱开了几炮后就无心恋战了，海盗们向英国海军投降了。他们将包括自愿加入海盗的签字文件在内的一切罪证都抛入大海，但却留下了那面印有罗伯茨形象和骷髅头的海盗旗。

据说"皇家燕子"号的舰长奥格尔虽然取得了胜利，却被罗伯茨独特的个人魅力打动，他当场决定为这位对手举行隆重的海葬，他给罗伯茨的遗体穿上了华美的礼服，上面缀满宝石，身上佩戴着他生前经常佩戴的武器和装饰品，缓缓沉入海中。海盗史上最后一位伟大的船长巴沙洛缪·罗伯茨就这样结束了他那"快乐而短暂"的一生，随着最后一位主角的退场，"30 年海盗黄金时代"也在历史舞台上缓缓降下了它的帷幕。

海盗十二诫

有一次，罗伯茨带着 40 名手下离开他的"皇家流浪"号去袭击一艘商船，并留下手下沃尔特·肯尼迪掌管船只，结果等他返回时，发现肯尼迪已经自命为船长并带着以往的战利品离开了。经过此事后，罗伯茨吸取了教训，他完善了亨利·摩根的海盗法典，制定了严格的规章制度，即著名的"罗伯茨船规"或"海盗十二诫"，其内容包括（1）每个船员都有权参与重大问题的决策，大家集体投票决定；（2）每个船员都应当以预先决定的次序被叫到被抢船只的甲板上去获得战利品；（3）船上禁止赌博，否则就会被放逐或者枪毙；（4）灯光和烛光都要在晚上 8 点钟熄掉；（5）船员必须保持武器的清洁和完好无损；（6）禁止女人和孩子待在船上。把乔装打扮过的女人带上船来的人、未经女人同意就与她乱搞的人应当被处死；（7）擅自离船或离开战斗岗位的人、偷取同伙财物的人、隐瞒秘密或财物的人，要被处以死刑或被抛到一个无人居住的岛上去；（8）船上禁止打架。所有争吵都应当在有公证人的情况下在岸上用马刀或手枪

▲ [早期船上的火炮]

来解决。杀害同伴的人要和死者绑在一起扔到海里去；（9）在每个船员尚未收到自己那份1000英镑的基金时，任何人无权离开海盗船；（10）在战斗时失去手足或变成残废的人，可以不干活留在船上，并从“公共储蓄金”里领取800块西班牙银币，受轻伤的人得到的钱就少一些；（11）船长和航海长在分战利品时要得到2份，炮手、厨师、医生、水手长分1.5份，其他有职人员分1.25份，普通水手分1份；（12）乐师们每逢星期天都可以休息。而在其余的6天里，他们都应当奏乐供船员们消遣。违反任何一条规则的人，都会受到严厉的惩罚。罗伯茨的海盗十二诫被后来的许多海盗当作行为准则。

葡萄弹：18世纪海军常用的一种密集型小炮弹，一颗葡萄炮内常含有30～60颗，甚至120颗小铁球，射出后散开，经常用来撕裂敌方船帆，或是对甲板上的人员进行大面积杀伤。

残暴者

亨利·摩根

他是《加勒比海盗》系列电影中的大反派，也是真实历史上加勒比海盗中最臭名昭著者，他是一个令所有人闻风丧胆的恶鬼，他就是海盗之王亨利·摩根——一个双手沾满了普通人及海盗鲜血的“残暴者”。

海盗之王

1929年，诺贝尔奖获得者斯坦贝克发表了他的第一篇小说《金杯》，这篇传记体小说的主人翁就是大名鼎鼎的亨利·摩根。摩根1635年出生于英国的威尔士，1688年病死，在以短命而著称的海盗群体中，他算是活得久的。

▲［亨利·摩根］

摩根的童年无法追溯，他最初也许是作为契约工人来到加勒比海的，后来变成了牙买加岛上的一名英国士兵，在那里他结识了不少小偷、骗子、逃奴和杀人犯，这些人纠集成很多帮派的海盗，那时候英国正在抗击西班牙人，海盗们怀揣女王颁发的私掠许可证四处攻击西班牙的商船和居民点，成为得力帮凶。

1663年，摩根带人在中美洲大陆袭击西班牙人的地盘，掠夺了大量财宝，之后他回到牙买加的皇家港，娶了已经当上加勒比英军指挥官的叔叔爱德华·摩根的女儿，并被任命为皇家港的准军事部队的司令官。到1668年，他已经成为英国海军中将，掌管一支由15艘船和900多名船员组成的舰队，与此同时，海盗们也推举他成为牙买加海盗的总头目，脚跨黑白两道，他以作战策略之精、远征范围之广和无数次的胜利而闻名加勒比海。

同年，他攻陷了西印度群岛第三大城市贝略港，该城固若金汤、很难拿下，很多有经验的海盗都认为要攻破它是不可能的。摩根使用独木舟，夜间悄悄潜入港口，突破了前两道防线，然后被第三道强有力的防线挡住了。摩根想到一个卑鄙的主意，他命令手下做好城梯，将所有能抓到的牧师、修女全都抓来，利用西班牙人对宗教的虔诚攻城。海盗们趁笃信天主教的敌人慌乱之际，拿下了这座重镇。亨利·摩根名声大噪，被称作“可怕的人”。

1669年摩根进行了另一次远征，他率领8艘船650名水手袭击了委内瑞拉湾沿岸的两个城市。在他们回程时发现航道被西班牙军队封锁了，海湾的岸上架着大炮，还有三艘巨大的战舰横在海峡外面。摩根命人趁西班牙人不备时，用装上炸药的小船炸沉了两艘敌舰。另一艘敌舰也被海盗们捕获了。他又派人佯装登陆，使西班牙人误以为海盗们打算在陆地上交锋，所以调转了炮头。当天夜晚，摩根在暮色的掩护中，率领船队悄悄离开了海湾。

这次作战后，摩根确立了海盗之王的地位。

从海盗到总督

1670年1月，摩根召集了36艘船2000名海盗，他们向巴拿马进发。西班牙人奋力抵抗但损失惨重。海盗取得了最后的胜利，他们劫掠了价值200万英镑的财物。但此时英国已与西班牙签署了停战协议，愤怒的西班牙政府要求英国交出摩根并表示要严惩他。英国为了不和当时的海上霸主西班牙撕破脸皮，不得已逮捕了摩根并把他押往伦敦受审。摩根坐着自己的海盗船，一路如旅游般回到英国，他先处置了自己的财产，售卖了许多珠宝，然后才前往法庭，法庭对他相当宽容，社会上甚至有大批名流替他开脱，这次审讯，不过是应付西班牙的一场闹剧而已，当然他最后也被判

在巴拿马的3处世界遗产中，有两处都和英国海盗摩根有关

▶ [巴拿马古城]

西班牙征服者帕卓若斯·戴勒于1519年建立了巴拿马古城。1671年，巴拿马古城被加勒比海盗亨利·摩根洗劫并焚毁，几百年来劫后的残壁断墙在西风中述说着巴拿马城的渊源历史，成为旅游者必游之地。

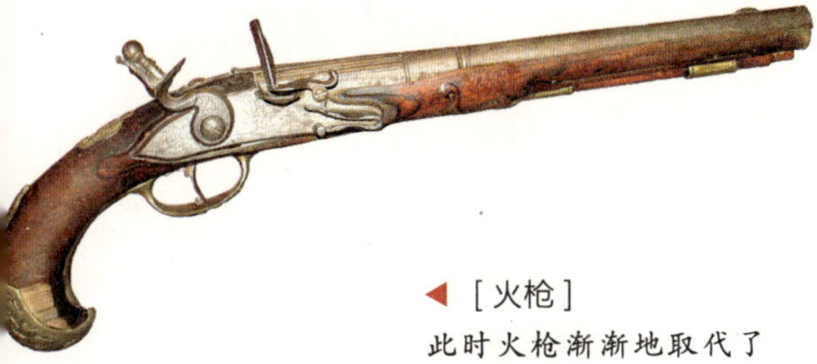

◀ [火枪]

此时火枪渐渐地取代了传统的冷兵器。

处入狱。

摩根入狱后，加勒比地区的海盗活动并没有停止，而且越来越猖獗，严重影响了贸易的进行。由于摩根在海盗中太有影响力，英国国王查理二世决定以毒攻毒，利用摩根对海盗的熟悉打击海盗。1674年，查理二世授予摩根爵士爵位，任命他为牙买加副总督，并担任海事法庭法官，打击并审判海盗。摩根也忠实地履行了自己的职责，他先是对海盗进行劝说，劝说无效的就进行打击。他这一手拉一手打的做法分化了海盗队伍，一些海盗转行做了正规船员，而海盗中的顽固分子都被他清剿。几年下来加勒比海的贸易开始恢复正常并逐渐繁荣，此后的摩根俨然成为了一个受人尊敬的官员，他还在当地成为了一个富豪庄园主，晚年甚至是一个受人尊敬的好人。

1688年，53岁的摩根因病去世。据说他生病时让一名黑人巫师替他灌肠并在他全身敷上黏土，这反而加重了他的病情。不久之后，这位海盗之王便一命呜呼了。摩根被埋葬在皇家港的教堂墓地中，但他的墓地在1692年的海啸中随着2/3港口被淹没。

▲ [波托韦洛－圣洛伦索－巴拿马]

当时的波托韦洛－圣洛伦索，是加勒比海沿岸一个重要的航运港口和陆路中转枢纽，同时也是秘鲁来货的存放地和西班牙来货的检查站。得天独厚的地理位置，使它成为商贾云集之地。

▲ [英王查理二世]

查理二世，苏格兰及英格兰国王。查理二世是查理一世与亨莉雅妲·玛利亚的长子。早年父亲查理一世被克伦威尔处死，查理二世被迫流亡外国。1658年克伦威尔去世，由其子理查·克伦威尔继承护国公。理查无力镇压反叛的贵族与军官，英国政坛混乱，国会遂声明由君主制复辟，查理二世因此得以返回英国。

皇家海盗

弗朗西斯·德雷克

他是“魔鬼海峡”德雷克海峡的发现者，也是 16 世纪著名的航海探险家和海盗，他曾击溃西班牙的无敌舰队，他就是皇家海盗弗朗西斯·德雷克——一个人生充满了争议的人物。

▲［弗朗西斯·德雷克］

弗朗西斯·德雷克（1540—1596 年 1 月 27 日）出生年份也有所争议，有一说他在 1535 年出生。他的小名为 El Draque，也就是西班牙文“龙”的意思。

海盗德雷克

德雷克出生于英国德文郡的塔维斯托克，他的父亲是一个自耕农。1549 年康沃尔郡天主教徒曾经发起“祈祷书叛乱”，反对爱德华六世使用英语祈祷书的决定。不久叛乱蔓延到德文郡。德雷克的父亲是一个虔诚的新教徒，所以，他迁居到了当时新教徒势力强大的普利茅斯，到湾内的一个小岛上避难，现在这个小岛被命名为德雷克岛。

不久德雷克的父亲又迁到泰晤士河河口附近的古灵厄姆，充任查塔姆船厂工作人员和水手们的临时牧师。德雷克则在韦特兰船长手下做见习水手，来往于法兰西和荷兰沿岸，学习航海的实际业务。

德雷克 17 岁就当上了沿海航线小帆船的船长。当他听闻表兄约翰·霍金斯在三角贸易中获得巨大利益之后，便毅然把自己的船卖掉，参加了约翰·霍金斯组织的第三次航海。

1568 年，德雷克和他的表兄约翰·霍金斯带领五艘贩奴船前往墨西哥，由于受到风暴袭击而向西班牙港口寻求援助，但是西班牙人欺骗了他们，并对他们进行了袭击，造成数艘船舰在墨西哥韦拉克鲁斯被击沉，即圣胡安战役。西班牙人的欺骗险些让德雷克丢了性命。从此后他发誓在有生之年一定要向西班牙复仇。

这次战役也导致英国和西班牙两国关系迅速恶化，但当时西班牙的海上霸主地位不可动摇，因此英国女王伊丽莎白向海盗发放了私掠许可证，鼓励他们向西班牙商船发起攻击，自从获得女王颁发的私掠许可证后，从 1571 年起，德雷克就率领自己的船队开始对西印度群岛和中南美洲的西班牙殖民地进行无休止的袭击和掠夺。1572—1574年间，德雷克两次在西班牙的财宝存放地巴拿马地峡的诺布尔德迪埃斯附近登陆，抄山间小路奇袭西班牙珍宝船队，夺得了大量的财宝，在返回英国后被誉为民族英雄。

1567年，德雷克第一次探险航行，从英国出发，横越大西洋，到达加勒比海。

1569年，德雷克第二次探险航行，从加勒比海再往前，到达了中美洲。

1577年，第三次探险航行，德雷克循着麦哲伦的航线出发。由英国前往南大西洋，抵达了南美洲东海岸。

1578年8月，德雷克通过了南美洲南端最危险的麦哲伦海峡。为了纪念所剩下来的最后一艘船，德雷克将之改名为“金鹿”号，因为此船赞助人海顿爵士的徽章盾牌上是一只金鹿。

1579年，德雷克与“金鹿”号沿着南美洲西岸往北航行，北上一直航行到北纬48°的加拿大西海岸，发现无法通过北冰洋，只好改为横越太平洋向西航行，他们经过菲律宾群岛，穿过马六甲海峡，横越印度洋，绕好望角再次横越大西洋。

1581年4月，女王伊丽莎白一世亲自登船赐予德雷克皇家爵士头衔。

1588年，德雷克成为海军中将，在军旅中曾参与击败西班牙无敌舰队。

1937—1970年，有33年的时间，英国的钱币半便士上一直以德雷克的“金鹿”号为图案。

德雷克的环球之旅

1577年，德雷克再次从英国出发，乘着“金鹿”号直奔美洲沿岸，一路打劫西班牙商船，但他也遭到了西班牙军舰的追击，由于西班牙海军的封锁，他无法通过狭窄的麦哲伦海峡，在一次猛烈的风暴中，“金鹿”号同船队其他伙伴失散了，被向南吹了5°之多，来到了西班牙人也未曾到过的地方，这就是今天的“德雷克海峡”，而后德雷克穿过了海峡，于1579年7月23日到达了马里亚纳群岛，8月22日穿过北回归线，9月26日回到了阔别已久的普利茅斯港，再次成为了“民众的英雄”，这次航行

◀ [英国女王与德雷克－插画]

伊丽莎白一世不但给了德雷克经营私掠船的授权，还是冒险远航的主要股东。她希望德雷克能够通过征服大海的成功，树立英国在海上“蚕食西班牙”的标杆，进而吸引更多的人投入到海洋冒险事业。

▲ ［正面是英国女王背面是“金鹿”号的硬币］

正面是英国女王，背面是“金鹿”号的硬币，可见此船曾经被重视的程度。

“金鹿”号船型为大航海时代的盖伦型三桅帆船，全船长约26米。“金鹿”号原是一艘在英国女王伊丽莎白一世时期（1558—1603年）的英格兰盖伦船（西班牙式大帆船），它由于是德雷克环球航行的旗舰而闻名于世。在首桅和主桅上除了挂有首帆和主帆外，还挂有顶帆，尾桅上挂三角帆，首斜杠上撑有斜杠帆，有18门加农炮。

据说伊丽莎白女王一世登上德雷克的座舰进行授勋嘉奖仪式时，因为女王终身未嫁又姿色犹存，德雷克害怕手下海盗粗野无知看到漂亮的女王会做出下流的动作，于是命令他们全部用右手挡住眼睛。女王登舰后很奇怪问德雷克怎么回事，德雷克说这是海军礼节，后来慢慢演变成现代军礼。

当时的西班牙人控制了整个美洲大陆，垄断了美亚贸易，封锁了航道，美洲原住民囤积的大批黄金都被西班牙人运回了欧洲。为了保障他们在海外的利益，西班牙建立了一支拥有100多艘战舰、3000余门大炮、数以万计士兵的强大海上舰队。这支舰队在地中海和大西洋上横行霸道，西班牙人骄傲地自称为“无敌舰队”。

是继麦哲伦之后的第二次环球航行，但德雷克却是第一个自始至终指挥环球航行的船长。

德雷克带回了数以吨计的黄金白银，丰富了女王的腰包，更重要的是德雷克为英国开辟了一条新航路，大大促进了英国航海业的发展，而且他还发现了宽阔的德雷克海峡，自此以后，太平洋再也不是西班牙的海了。1580年他再次带领船队进行了一次环球航行。

人生巅峰：击败无敌舰队

1588年7月31日拂晓，英、西双方舰队在英吉利海峡展开决战。英国的舰队总司令是海军大臣霍华德，而副总司令则是德雷克，他们分别乘坐旗舰“方舟”号和“复仇”号。在这次战争中，英国舰队大败西班牙无敌舰队，杀死杀伤大量西班牙军舰船员，并击沉大量的无敌舰队军舰，史称格拉沃利讷海战。此战过后，西班牙海军一蹶不振，英国开始成为海上强国。在这次海战中英国海军拉开距离，利用火炮战斗的先进战术发挥了重要作用。战后德雷克被封为英格兰勋爵，成为海盗史上的传奇。

但随着1589年科伦纳·里斯本远征失利，被国民誉为民族英雄、长期深受恩宠的德雷克，逐渐失宠和被疏远了，人生开始走下坡路。而1595年，在远征西印度群岛时，由于德雷克与霍金斯间的争吵以及德雷克指挥上的失误，也没有取得任何成果。1596年1月27日，德雷克因为痢疾病死于巴拿马。

无旗海盗

简·拉斐特

简·拉斐特是活跃在19世纪初的一位法国著名海盗，由于新奥尔良一役而闻名，也是有史以来最浪漫的一位谜一样的传奇人物。

▲［简·拉斐特］

拉斐特的基地设有咖啡馆、赌场、仓库和谷仓（用来关押奴隶）。他会说4种语言—英语、法语、西班牙语和意大利语，还是出色的组织者、战略家和观察家，主要经营奴隶生意，来如风去如电，甚至很难用言语形容他是个怎样的人。

简·拉菲特是一名法国海盗，其父母是上了断头台的法国贵族。大约在1782年，在父母去世后，幼小的他由外婆抚养，据传说他的外公在西班牙被谋杀，所以从小他就被外婆灌输了对西班牙的仇恨，长大后，拉斐特在圣克罗伊岛航海军事学院接受了教育，学习了炮兵和剑术。19世纪初他开始了海盗生涯，主要活跃在墨西哥湾附近，通过倒卖奴隶和象牙获利。他的船上飘扬着卡塔赫纳（哥伦比亚一个宣布独立的西班牙城市）的国旗，一般人看不出来，所以被称为无旗海盗。拜伦曾这样赞誉他：“他只留下了海盗的名声，但比起其他成千上万种罪过，他是美德的化身。”

政府悬赏300美金捉拿他，他得知消息后，居然拿出1000美金给向他通风报信的人，这让政府意料不到，也让他迅速成名。拉斐特在鼎盛时期拥有50艘船和1000多名手下，其基地设在大特雷和巴拉塔利亚沼泽。1814年1月8日，英军进攻新奥尔良，英国人联系上了拉斐特，试图说服他加入英国海军，参与在路易斯安那附近的海战。拉斐特欺骗了他们，在搜集到情报之后就投奔了美国政府并且提出以赦免他和他的船员们的所有罪责作为交换条件帮助他们。

美国政府接受了他的提议，在拉斐特的帮助下，新奥尔良赢得了这场战役。他和他的手下战后都过着遵纪守法的富裕生活。但很快他的手下就耐不住寂寞，重操旧业，导致18人被判处绞刑。心灰意冷的拉斐特离开了他的手下远走高飞，从此不知所踪。有人说他曾在南美帮助过玻利维亚的独立革命，也有人说他在一个偏僻的小岛上死于高热病，种种说法，不一而足。

天生的海盗：拉布斯

奥利弗·勒瓦瑟尔

出于对自由不羁生活的渴望，以及冒险刺激生涯的热情，勒瓦瑟尔选择终生从事海盗事业，他身体里天生就流淌着海盗的血液，也是1716—1730年间印度洋上最让人闻风丧胆的海盗。

奥利弗·勒瓦瑟尔即海盗拉布斯。

▲ [贝宁－不归门]

维达是贝宁的文化和历史发源地，也是黑奴制度比较完善的地区，侵略者侵占此地后，和当地的农奴主勾结，把大批的黑奴在“不归门”装船运输到美洲，门身上刻着当时黑奴被装船运走的情景。那些被迫被卖到美洲去的奴隶一旦跨过这个门，也就斩断了他们回乡的所有奢望。

17世纪时期，欧洲各国为了争夺海上霸权，明争暗斗，不惜使用“鼓励海盗袭击他国船只”的手段。海盗们接受了皇室的“委任状”，以“保护”商船的名义，在海上干着打劫非本国商船的勾当。1690年，奥利弗·勒瓦瑟尔出生在法国加莱一个很有声望的海盗家族。

奥利弗·勒瓦瑟尔被绞死前留下的那卷羊皮纸，上面是一封密码信构成的藏宝图，画有17排稀奇古怪的图样，每个图样代表一个密码。勒瓦瑟尔接受过良好的教育，才华横溢，知识渊博。这使得他在绘制藏宝图时采用了希腊文化中的隐喻作为标记，这可不是一般海盗想象得出来的，这也使他的藏宝图看上去像天书一样晦涩难解。

他的父亲年轻时曾被法国官方正式批准从事海盗行径，在加莱海峡一带很有名气。奥利弗·勒瓦瑟尔出生后，其父望子成龙，让他从小受到上层社会的良好教育，但奥利弗·勒瓦瑟尔对所谓上流社会的优雅生活不屑一顾，却对惊心动魄的海盗生活情有独钟。在他26岁那年，他同样得到了法国官方批准的“委任状”，可以从事效力于法国的海盗行径，其活动范围是印度洋。后来因他不履行与法国政府的协议而成为法国的头号敌人。

人们习惯称他为“拉布斯”或是“隼鹫”

1719年勒瓦瑟尔曾与豪威尔·戴维斯以及托马斯进行过合作，但不久后决裂。在此期间勒瓦瑟尔很好地证明了他是一位优秀的领导者和水手，尽管那时的他左眼已经留下了一道严重的疤痕，这严重影响了他的视力。一年以后，凭借自己在每次掠夺中的能力，他从本杰明·霍尼戈德的海盗集团中分裂并自立门户，前往西非海岸。

1720年勒瓦瑟尔进攻了贝宁海岸的奴隶中心维达，并摧毁了当地的堡垒。

当时勒瓦瑟尔的左眼已经完全失明，因而不得不佩戴眼罩，人们习惯称他为“拉布斯”或是“隼鹫”，前者是他的假名，后者则是出于他进攻时的凶狠和迅速而起的外号。

果阿：以海滩闻名，每年吸引着几十万国内外游客。果阿的教堂和修道院是世界文化遗产，其中仁慈耶稣大教堂是亚洲最主要的基督教朝圣地之一。果阿位于以生物多样性著称的西高止山脉，动植物资源丰富。

▲ [塞舌尔群岛]

塞舌尔一直被“海盗宝藏”的迷雾所笼罩。拉布斯的羊皮纸成了世界各地寻宝者们最为瞩目的焦点，也成了他们前仆后继永不放弃的眩目天堂。

空前绝后的一笔财富

1721 年，勒瓦瑟尔迎来了他海盗生涯中最辉煌的时候，他正式与海盗爱德华 · 英格兰和理查德 · 泰勒合作。

同年在拉克代夫岛的行动中，勒瓦瑟尔的联盟收获极大，竟然掠夺了价值 75000 英镑的财物。要知道，1721 年的 75000 英镑，购买力几乎相当于今天的 1000 万英镑。

不久后，勒瓦瑟尔和理查德 · 泰勒合伙抛弃了爱德华 · 英格兰。紧接着他们就撞大运似的劫掠了一艘大型葡萄牙船“维耶热 · 迪开普”号，这是一艘拥有 72 个舱室的三桅帆船，上面装有葡萄牙摄政王的大量财宝，其中最为奢华的当属摄政王加冕时所佩戴的镶有珠宝的宝剑，以及用宝石装饰的十字勋章，此外还有大量金银财宝、金质的圣诞杯、烛台和未经打磨的钻石，除了这些外，船上还发现了足以换取大量赎金的“大肉票”——果阿总督。

所有这些财富加起来价值竟然达到了 87.5 万英镑。用一个词来形容这次收获的话那就是“空前绝后”，这次收获堪称海盗史上最大的一笔财富，就连最低级的实习船员也拿到了大批珠宝加钻石。

对海盗生涯厌倦了

或许是对海盗生涯厌倦了，勒瓦瑟尔试图改邪归正。1724 年 3 月 25 日，他请求法国政府赦免，并向伯尔岛当局递交了一份书面申请，同时还附上了几件价值不菲的礼物，包括金质圣诞杯和钻石，以表明自己的悔过之意。但是，法国当局显然不能原谅勒瓦瑟尔多年来造成的极大伤害，这不仅是财物上的重大损失，而且有颜面扫地的严重侮辱。因此，法国政府极欲置勒瓦瑟尔于死地，在民众中重振自己的声望。

“从良”不成

“从良”不成，勒瓦瑟尔只好选择隐居。几乎一夜之间，这个声名赫赫的海盗头子就销声匿迹了。

在荒无人烟的塞舌尔群岛上度过几年风平浪静的生活后，勒瓦瑟尔静极思动，又开始出现在印度洋上。1730 年 12 月他在马达加斯加的安东吉尔海湾活动时，被杜梅萨的船长达埃尔米特捕获。随后，根据宗教会议做出的判决，勒瓦瑟尔于 1731 年 7 月 17 日被处以极刑。

1731 年 7 月 17 日下午 5 时，勒瓦瑟尔在拉罗伊纽斯岛的圣·丹尼斯海滩被处以死刑，临刑前，勒瓦瑟尔向人群中丢下一卷羊皮纸并大吼“去寻找我的宝藏吧，看谁有这个能耐”。纸上的内容包括了 17 排神秘字符，它引起了各国寻宝者的兴趣，但时至今日，没有人能破解所谓的“奥利弗·勒瓦瑟尔密码”。

塞舌尔群岛位于马达加斯加岛以北，由约 100 个小岛和环形岛组成，岛上遍布花岗岩和珊瑚礁。几百年来，塞舌尔群岛一直是海盗们藏身的首选之地，一方面是因为那里淡水和食物十分丰富，生存条件较好；另一方面则由于岛上原始森林密布，为海盗们维修损伤的船只提供了必要的木材。

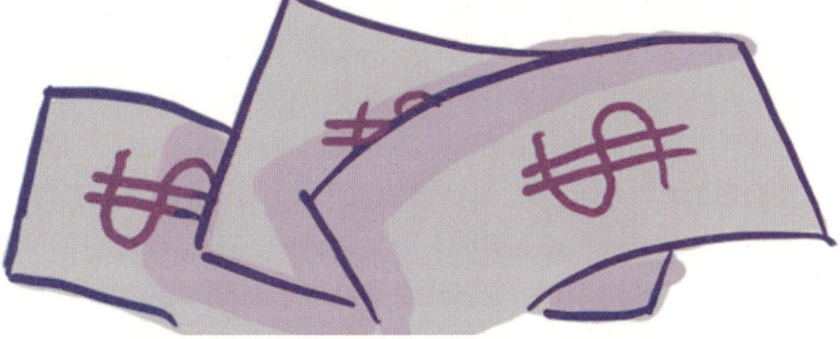

功成身退的海盗

亨利·埃弗里

他是"黑胡子"海盗青年时代的偶像，也是笛福名著《海盗船长》的原型；他曾劫持了印度莫卧儿王朝的财宝运输船并赢得了船上公主的爱情；他被当局追捕却能够全身而退，他就是亨利·埃弗里——一个海盗中的传奇人物。

埃弗里成为船长

亨利·埃弗里（1653年—？）原名约翰·埃弗里，出生在英国的朴茨茅斯，他开启了海盗的黄金时代，是不少海盗，比如"黑胡子"青年时代的偶像。埃弗里十几岁就上船当了见习水手，后来曾到英国皇家海军服役，还当上了大副，因为比奇角战役的失败而被革职。此后他在非洲几内亚湾从事黑奴买卖。40岁那年他做了私掠船"查尔斯二世"的大副，该船受西班牙政府雇佣，专门打击法国的商船和海盗。

▲ ［20世纪早期绘画，亨利·埃弗里破门进入公主的船舱］

青年时期埃弗里曾在英国皇家海军服役，大小战争经历过不少，据推测很可能参加了当时的九年战争的许多战役。通过战争的洗练，埃弗里还当上了大副，是当时担任同样职位的船员中最年轻的一位。然而好景不长，因为比奇角战役的失败，埃弗里被从皇家海军革职。

1694年开始，他们在加勒比海上漫无目的搜索法国船只，但大半年时间他们都没有遇到猎物，水手们都没有收获，因此心怀不满，而且此时更传来了托马斯·图在东方发财的消息。埃弗里觉得发财的时候到了，他开始计划哗变，由于他平日里在水手中颇有威信，几乎没费什么力就争取到了所有的水手。1694年5月，当船在西班牙的拉科鲁尼亚港补给时，一天深夜趁船长查尔斯·吉布森喝得酩酊大醉之际，埃弗里劫走了商船，在开船离去之际，他把吉布森放进一条小船中，并对他说："天注定我将获得财富，因此我必须追逐财富。"他宣布自己为新的船长，更换了新的船旗，并且给船重新起了个好听的名字——"幻想"号，当他们行驶到红海海口时，遇到了另外五条志同道合的海盗船，它们结成一伙继续向东，埃弗里被推举为了这支"联合舰队"的指挥，一切都已准备好，只差猎物出现了。

关于埃弗里的结局，后世流传着各种版本。一种说法是他的财富被骗得精光，最后沦为身无分文的乞丐，在伦敦街头潦倒而死。另一种说法是他回到马达加斯加，变成海盗之王，统治一个海盗帝国，指挥一支帝国舰队。

袭击了印度莫卧儿王朝的船只

1695 年 8 月，“幻想”号遇到了莫卧儿王朝的财宝运输队，但由于距离太远，他们没能追上 25 艘宝船中的任何一艘，正当大家充满沮丧之际，一个庞然大物“冈依沙瓦”号出现在了地平线上，“冈依沙瓦”是当时莫卧儿王朝最大的船，装有 62 门大炮和 500 名枪手、600 多旅客以及 50 万块金锭和银锭，水手是“幻想”号的 4 倍，尽管如此，埃弗里还是毅然决然地指挥着小小的“幻想”号冲了上去，埃弗里有着丰富的航海经验，再加上他那天生的判断力使得“幻想”号很轻易地抢到了上风头，“幻想”号迎着“冈依沙瓦”号的乱炮开火了，并准确地击毁了“冈依沙瓦”号的主桅，当印度人乱成一锅粥时，海盗们登船了，经过约 2 个小时“甲板战”，懦弱的印度船长宣布投降，巨大的战舰“冈依沙瓦”号被一艘海盗快船击败了，船上大量的财宝被抢，传说船上还有当时莫卧儿六世皇帝奥兰扎布的孙女，她也被埃弗里劫走并最终爱上了他。奥兰扎布一方面向东印度公司索赔，另一方面向英国施压，从此以后，亨利·埃弗里就成了大英帝国的头号通缉对象。

▲ [泰姬陵－莫卧儿帝国遗迹]

闻名世界的印度泰姬陵，堪称人类史上最经典的伟大古迹之一，被誉为“完美建筑”。虽然泰姬陵是印度的杰作，但创造这一杰作的印度莫卧儿帝国，对土生土长的印度人来说，却是外来的侵略者。

1696 年，埃弗里的海盗集团散伙后，集团中的许多人都是一踏上英国土地就被挂在了绞刑架上，只有埃弗里逃脱了。他首先跑到了巴拿马群岛，在那里他用象牙和武器贿赂了拿索酋长，得以获准另换一条较小的船只逃往欧洲。抵达爱尔兰后，英国海军闻风赶到，但只捉到了埃弗里的同党，埃弗里早已销声匿迹，而且再也没有人见过他。有人说他隐居在了都柏林，还有人声称在他的家乡朴茨茅斯看到过他，他的故事被编成剧本在伦敦皇家剧院演出，获得了极大的轰动，笛福的名著《海盗船长》中的辛格尔顿船长就是以埃弗里为原型塑造的。

莫卧儿王朝是成吉思汗和帖木儿的后裔巴卑尔自乌兹别克南下入侵印度建立的印度封建王朝。“莫卧”意即“蒙古”。在帝国的全盛时期，领土几乎囊括了整个印度次大陆，以及中亚的阿富汗等地，是一个伊斯兰教封建王朝。

海盗军师

理查德·诺兰

黑萨姆的疯狂抢劫，虽然只有短短的一年时间，但他发展的速度非常快，理查德·诺兰作为黑萨姆船队中的重要人物，其留名海盗界并非靠的是劫掠，而是智慧与手段，这或许是保证黑萨姆胜利的一个重要原因。

我们知道，海盗的劫掠是为了获得利益。在利益面前，可以说“人人平等”，怎样将利益合理分配，公平对待所有船员，这是一个非常重要的问题。要知道，海盗船上的船员，可都是杀人不眨眼的恶魔。

理查德·诺兰就是一个这样的人物，他在从事海盗生涯期间跟在“海盗王子”黑萨姆的海盗舰队中。他深得黑萨姆的信任，负责检查武器，惩罚一些破坏了海盗规则的水手，并按照黑萨姆的命令管理、监督其完成情况。为了更好地笼络船上的水手，让他们在抢劫的过程中奋力战斗，诺兰有的是办法来奖励那些卖命的海盗和惩罚那些不听话的海盗。

诺兰的智慧与公平

传说中黑萨姆的船队在一年间获得

▲ [黑萨姆与水手的表决]

黑萨姆的海盗集团拥有民主的表决权，无论是船上的奴隶还是水手，都得到平等的对待，对重要决定进行投票表决。

了大量的船只，巅峰时达到 50 多艘，而这些船上的船长则由选举产生，这些选举措施的顺利举行，都来自于诺兰的管理与协调。

比如有一次，一个海盗在抢劫一条货船时，得到了一块纯金的怀表，他趁人不注意时，将其藏在了口袋中。在战斗结束之后，回到海盗船上，清点货物并上缴战利品时，这个海盗并未交出怀表，诺兰一一查点之后，将战利品给予船长，由他开始挑选，然后是医生、木匠等技术人员，最后将剩余的财物平均分配。而在这一过程中诺兰发现，有名海盗神色慌张，似乎有所藏匿，于是在分完所有战利品之后，他私下找到这名海盗，在诺兰一番语言攻势之后，海盗招供，说自己私藏了一块金表。由于这名海盗是新船员，所以诺兰对其进行严惩，惩罚他下次没有物品分配。

时隔不久之后，诺兰又找这名海盗喝酒，然后以个人的名义送给了他一块怀表，虽然这块表不如之前那表名贵，但经过此事之后，这名海盗彻底臣服了诺兰，对他不敢再有任何欺瞒，并积极地听从诺兰的指挥。

1985 年，英国探险家巴瑞·克里福打捞到一口刻有“THE WHYDAH GALLY 1716”的船钟，确认了“维达”号的沉船地点，并陆续发掘出 10 万多件的物品，“维达”号因而成为史上第一艘有实物证实的海盗船。

诺兰的美好晚年

作为海盗，就像大名鼎鼎的黑胡子，都未有善终。而诺兰凭借他的智慧，走出了一条不同的道路。

在一次航行时，黑萨姆的船“维达”号在经常航行的海域遇到风暴后沉没了，黑萨姆不知所踪，据推测已葬身海底，而诺兰成为 9 名生还者之一，诺兰他们爬上一块岩礁，后来被抓进了监狱。

1718 年，英国国王为了庆祝英国与荷兰大战的胜利，于是大赦，诺兰也被释放。事实上，在之前对同伴海盗的审判中，诺兰背叛了同伴，为政府指认海盗的罪责，保住了性命，并等到了大赦的这一天。被释放的诺兰成功地取走了之前藏匿的宝藏。

▲［“维达”号遗物］

海盗探险家

威廉·丹皮尔

威廉·丹皮尔，1652年出生于英国萨默塞特郡的东科克，是英国著名海盗、航海家、海图绘制家、澳大利亚的发现者。他的第一身份是“探险家”，而并不是“海盗船长”。

▲［威廉·丹皮尔］

海盗船长

威廉·丹皮尔16岁时在印度洋上当过见习水手，后来应征入伍成了一名英国皇家海军，并参加了英荷海战。他是一个思想敏锐、性格豪放的年轻人，总是有问不完的问题，同军队作风格格不入。

1673年，21岁的丹皮尔加入了西印度群岛一带的海盗集团，袭击西班牙的船只，1683年他们又转移到了几内亚湾，并来往于南美沿岸攻击西班牙商船。凭着胆量和才干，他很快就成了海盗船长。

《新环球航海记》

和其他海盗不同，丹皮尔对金钱和珠宝并不在意，却对气象、水文现象和海洋动植物有着浓厚的兴趣。

1688年1月初，丹皮尔驾驶“塞格奈特”号来到了一块地图上从未有过记载的陆地（澳大利亚西北部靠近金湾的一个半岛附近），停在那里进行休整。威廉·丹皮尔利用这段时间上岸，调查研究了周围环境，观察记载了陆地上的动植物和土著。丹皮尔断言：“这里既不是亚洲也不是菲律宾群岛的一部分。”由于这个缘故，后来这里就被称作丹皮尔半岛。他回到英国后因为海盗恶行不显，政府并没有对他加以追究。1693年他根据自己的经历写成了《新环球航海记》一书并引起轰动。

1699年丹皮尔再次出航，他不再是以海盗身份，而是响当当的“皇家海军军官”，他被任命指挥“罗巴克”号军舰

正是在此次航行之后，威廉·丹皮尔却遭到了军事法庭的审判。原来在这次航海期间，他曾把一名叫作乔治·费希尔的船员放逐到巴西，费希尔回来后向海军部提出控诉。虽然威廉·丹皮尔在法庭上愤怒地进行了辩解，但最终被判有罪，他被判处向费希尔进行赔偿，并被皇家海军解雇。

考察南太平洋，可以真正地一展身手了。

《新荷兰航海续集》

1700年2月中旬，丹皮尔又来到了当年那片只有一面之缘的神秘陆地，丹皮尔驾船考察了近1000千米的海岸线，发现这里不是什么大岛，而是一块真正的新大陆，他以女王的名义宣布这里为大英帝国的领土，并命名为“新大不列颠”，这就是今天的澳大利亚。丹皮尔继续航行，又发现了一系列的群岛和海峡，通过不懈的努力终于给世人展现了一张完整的南太平洋海图。威廉·丹皮尔于1707年回到英国，并在1709年出版了《新荷兰航海续集》。

▲ [丹尼尔·笛福《鲁滨逊漂流记》]

说到丹皮尔人们最先想到的是“探险家”，而不是“海盗船长”。他是第一个到新荷兰（澳大利亚）和新几内亚探险并绘制局部地图的英国人，也是第一个环航世界两次并继续进行第三次环球航行的人。

《鲁滨逊漂流记》

1708—1711年，丹皮尔参加了伍德罗·罗吉斯船长的考察队，开始又一次环球航行，1709年1月当他们行至智利附近一个荒无人烟的岛屿——胡安·菲南德时，发现了一个身着羊皮的“野人”，起先这个“野人”只会打着手势，咿咿呀呀，约莫过了一周他才恢复了说话能力，他叫亚历山大·塞尔柯克，是一个

▲ [“罗巴克”号（雄獐）战舰]

此船规模庞大，十分气派，足见丹皮尔受女王的器重程度。

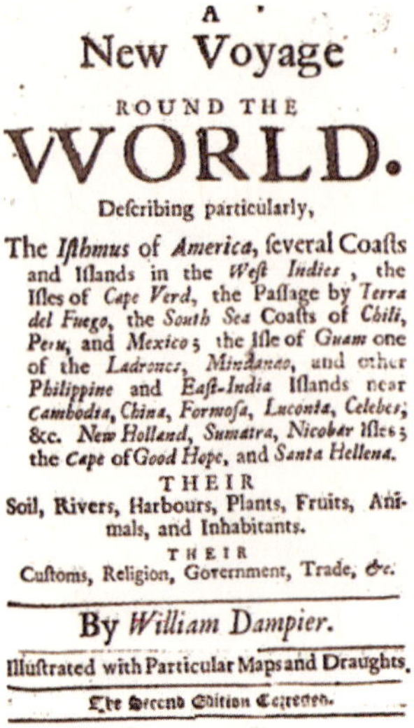
A
New Voyage
ROUND THE
WORLD.
Defcribing particularly,
The *Ifthmus* of *America*, feveral Coafts and Iflands in the *Weft Indies*, the Ifles of *Cape Verd*, the Paffage by *Terra del Fuego*, the *South Sea* Coafts of *Chili*, *Peru*, and *Mexico*; the Ifle of *Guam* one of the *Ladrones*, *Mindanao*, and other *Philippine* and *Eaft-India* Iflands near *Cambodia*, *China*, *Formofa*, *Luconia*, *Celebes*, &c. *New Holland*, *Sumatra*, *Nicobar* Ifles; the *Cape* of *Good Hope*, and *Santa Hellena*.
THEIR
Soil, Rivers, Harbours, Plants, Fruits, Animals, and Inhabitants.
THEIR
Cuftoms, Religion, Government, Trade, &c.
By *William Dampier*.
Illuftrated with Particular Maps and Draughts.
The Second Edition Corrected.

▲ [《新环球航海记》]

丹皮尔的《新环球航海记》中，对清朝的中国人有着详细的描述，同时也是乔·斯威特的小说《格列佛游记》中一个章节的素材来源。

◀ [紫青鸾花，采集于1803年]

丹皮尔第一个发现了澳大利亚一种标志性的深蓝色花朵紫青鸾花，不久之后这些花被放在了青鸾花属里。

苏格兰人，1704年他因和船长发生纠纷被遗弃在了岛上，凭借惊人的毅力和旺盛的求生本能已在此生活了四年零四个月，这件事在英国引起了轩然大波，也造就了一代名家丹尼尔·笛福，他那本根据塞尔柯克的事迹改编的《鲁滨逊漂流记》也获得了轰动，笛福为了纪念这位水手就把主人公起名叫克鲁索，意为“鲁滨之子”。从收益上看，丹皮尔的这次航行是最成功的一次，获得了近20万英镑的利润。

丹皮尔地

1715年3月，威廉·丹皮尔在伦敦去世，享年63岁。

在丹皮尔的一生中，不管处于何种环境下，他那颗热爱科学、勇于探求未知的心都从未改变过。世界地图上，至今还有“丹皮尔群岛”和“丹皮尔海峡”的名字，在澳大利亚，丹皮尔当年第一次登陆的地方被命名为丹皮尔地，以此纪念这位伟大的“海盗探险家”丹皮尔。

利马宝藏的知情者

威廉·汤普森

威廉·汤普森开始并不是一名海盗，而是一名苏格兰货船船长。但在面对价值1亿英镑的财宝时，他“顺手”抢走了这批宝藏。

西班牙自从16世纪征服秘鲁印加人后，在几个世纪中从秘鲁搜刮了无数的金银财宝，然而到了19世纪初，西班牙在秘鲁的殖民统治开始风雨飘摇。

1821年，威廉·汤普森奉西班牙利马总督之令，用他的货船“亲爱的玛丽”号将价值1亿英镑的黄金、珠宝、钻石等从秘鲁首都利马市运往墨西哥。

在当地居民眼中，汤普森船长是个口碑很好、值得信赖的人，西班牙官员、主教和利马总督全都雇用了他的“亲爱的玛丽”号船，准备载着满船财宝驶往仍在西班牙控制下的墨西哥。

得到重金聘用后，汤普森船长用两天时间将利马城中63所教堂内的珍宝全都搬到了这艘船上。满载着宝藏的“亲爱的玛丽”号行使在茫茫大海之上。威廉·汤普森和同伙对这批价值连城的财宝起了邪念，他们杀死了船上的贵族和主教，在运送的途中将这批财宝据为己有，并将满船财宝都埋藏在了距哥斯达黎加海岸350英里的科科斯岛——一个荒凉无人的小岛上。

成了逃犯的汤普森船长后来加入了海盗队伍，流落到加拿大纽芬兰岛，至死都没能重回科科斯岛挖出宝藏。他在1844年去世前，一直受到一名叫作基汀的男子照料，汤普森死前将宝藏位置告诉了基汀，基汀随后驾船前往科科斯岛挖宝，但因和船员闹翻，基汀只带走了一小部分黄金逃离了科科斯岛。

汤普森埋在科科斯岛的宝藏，被世人称为利马宝藏，其中有：113尊金像、一尊真人大小的圣母玛利亚怀抱圣婴耶稣像、200箱珠宝、273把剑柄上镶嵌珠宝的宝剑、1000颗钻石、多顶纯金王冠、150只宝贵酒杯，以及数以百计的金条银条。船上全部黄金饰品的总重量则高达27吨，财宝的总价值至少超过了1亿英镑。

英国54岁的“寻宝猎人”迈克·蒙罗曾宣称，他通过耗时10年研究古代地图和手稿，已经查明了利马宝藏的具体位置。蒙罗已获得了哥斯达黎加政府的“寻宝许可令”，即将奔赴科科斯岛实地寻宝。根据协定，一旦蒙罗挖出这笔“宝藏”，他最多只能获得其中的1/3，另外1/3将上缴哥斯达黎加政府，还有1/3将归还秘鲁政府。

▼ [布列塔尼－圣马洛的防御工事]
圣马洛古城是法国人眼中的财富之城，英国人眼里的海盗之城，在12世纪时这里逐渐成为海盗们的大本营。

英吉利海峡凶残的母狮

贝利维夫人

贝利维夫人是欧洲历史上第一个有名有姓的女海盗，她机智、勇敢，是英吉利海峡最为凶残的母狮，同时她又美丽、神秘，从女海盗到贵妇人，只在一念之间。

贝利维夫人，全名是让娜·德·贝利维，出身于加佩王朝时期法国布列塔尼的一个名门望族之家。她虽从小接受贵族的传统教育，但更爱刀枪，崇拜威风凛凛、风度翩翩的骑士。她时常同女伴们一起泛舟于英吉利海峡的广阔水面上。

贝利维夫人丈夫被法王处死

1328年，法国加佩王朝的最后一位国王驾崩。因为没有后嗣，法国王室支裔华洛瓦家族的腓力六世按照法律规定登上了法国国王的宝座，开始了华洛瓦王朝的统治。

而此时的英王爱德华三世是法王腓力四世的外孙，他认为自己是法国国王的当然继承人，就向法国王室提出由他继承法国王位的要求，导致两国关系日趋恶化。当时贝利维夫人的亲戚德·波恩契弗尔和德·莫恩佛尔姐弟俩都想承袭布列塔尼公爵的封号。两人剑拔弩张，各自在国际上寻找支持者。英王看到这场争夺对自己十分有利，就公开支持亲英的莫恩佛尔。

早在1335年，让娜嫁给了布列塔尼的贵族青年克里松·德·贝利维，丈夫克里松参与了这场政治赌博，把赌注下在了莫恩佛尔一边。法王为剪除莫恩佛尔的党羽，阻止他承袭封号，并进行大搜捕，克里松等人纷纷入狱，在极短的时间内被判处了死刑。英王闻讯后立即

[《女海盗》剧照]

古代航海，除了客船之外，运兵运货的船只是不许女性上船的，说是“有女同行，航行不利”。其实说穿了，男女同船，男的在航行中无所事事，寂寞得很，就会发生男女间的关系，引起互相争夺，那么打打杀杀的事便跟着发生了，所以除客船之外，任何一类船上都不许女性上船。

派出密使前去慰问贝利维夫人，并邀请她到英国去居住。

就这样，贝利维夫人怀揣着向法王复仇的决心，带着两个年幼的孩子，横渡英吉利海峡，来到了英国。

“英吉利海峡凶残的母狮”

贝利维夫人到达英国后，英王爱德华三世对她遭遇的不幸表示同情，贝利维夫人在感谢英王之余，提出了自己的要求：“陛下，我是布列塔尼人，英吉利海峡自小就是我娱乐的场所。我听惯了海涛的吼声，也过惯了海上的生活。在我丈夫不幸去世后，我现在唯一的希望就是在英吉利海峡扬帆疾驰，无情打击法国的商船和战舰，惩罚那些给我和我的儿子带来终身不幸的人。请给我一支舰队吧，我将使我的敌人鬼哭狼嚎”。爱德华三世答应了她的要求，同意她当海盗为丈夫复仇，并给予她三艘船。

从此以后，贝利维夫人便统帅着她的海盗舰队频频袭击法国的商船队，她把对法王的仇恨都发泄在那些无辜的商船身上。而且她还不满足于袭击商船，满怀豪情壮志的她还经常向法国的皇家战舰发动攻击。

法国商人只要谈起女海盗贝利维夫人，无不胆战心惊、冷汗直流。贝利维夫人几个字简直成了他们心目中死神的代名词，谁要是碰上了她，就意味着谁的生命将画上句号。在法国，她被人称为“英吉利海峡凶残的母狮”。

母狮又变成了贵妇人

在一次与法国皇家舰队的冲突中，法国皇家舰队的几十艘战舰排成战阵，在英吉利海峡的海面上包围了贝利维夫人的海盗舰队。一场激烈的战斗过后，贝利维夫人的舰队损失惨重，她的儿子也伤重死亡。贝利维夫人不得不带领几名水手，趁着夜色，划着一条小船突出了重围。可在航行6天后，复杂的海流没有把他们送回英国，反而带到了几年前贝利维夫人离开祖国的地方——布列塔尼海岸，回国后的贝利维夫人从此结束了她的海盗生涯，离奇的是在法国国王种种顾虑之下，她并没有受到任何惩罚！

后来，贝利维夫人嫁给了贵族高吉·德·别恩特里。从此，这位威震英吉利海峡的母狮又变成了贵妇人。

救命“酒坛”的漂流

埃尔·波图格斯

埃尔·波图格斯是加勒比海盗盛行时期的一位海盗首领，他有着非凡的智慧，曾依靠卓越才能截获大型商船，也凭借着过人的胆气在被俘后成功逃脱。

以少胜多

大西洋加勒比海伊丝帕尼奥拉岛的北端，有一个海盗盘踞的巢穴——龟岛。龟岛的形状的确很像一只乌龟，它是海盗们的天堂。海盗们在这里遵守不成文的“海上守则”，结成兄弟般的友谊，经常劫掠西班牙的商船，令西班牙人闻风丧胆。龟岛因此名声大震，吸引各国的海盗纷纷前来加入，成为了名副其实的“世界岛”。

▲［龟岛］

17世纪中期，英国、法国、荷兰等国对加勒比海域星罗棋布的岛屿都垂涎三尺，而由于归属不明，有些海岛就成了海盗的天下。

海盗首领埃尔·波图格斯就盘踞在这个岛上，每天和龟岛上的海盗们窥视着航行在加勒比海上的西班牙商船。为了能够确保成功地劫掠西班牙船只上的黄金，海盗们花费重金装备自己的战舰。在一次袭击中，埃尔·波图格斯指挥装有四门大炮的船只并带领着30名海盗，截获了一艘装有20门大炮和70名船员的大型西班牙舰船。这件事被海盗们传颂称奇。

酒坛漂流记

埃尔·波图格斯另外一件为人们津津乐道的事是他的酒坛漂流记。

有一次，他在袭击西班牙商船后被三艘恰巧经过的大型帆船俘虏了。埃尔·波图格斯这位可怜的海盗头目被押送到坎佩切湾的一艘船上并幽禁起来。更令人绝望的是，这位声名显赫的海盗竟然不会游泳。而海盗们一旦被抓，面对的大多数结局就是死亡。

就在受刑的前一天，埃尔·波图格斯显示出了高超的本领。他以迅猛之势将守卫放倒之后，夺过刺刀将其刺死，随后在船上找到两个陶制的葡萄酒坛子扔在大海里，当漂浮工具游上岸，然后钻进灌木中，步行140英里到达达戈尔夫特里斯特海角，在那里找到海盗船逃回了他的大本营龟岛，完成了他的“旅程”。

大约在1640年，龟岛上的海盗开始称自己是“海上兄弟会”。任何想加入这个团体的人必须签订一份被称为“海上守则”的文书。在海盗的生活中，这个“海上守则”是至高无上的。

据传说，18世纪的海盗，很大一部分都不会游泳，也就意味着只要落入大海，基本就判定为死亡了，不仅如此，当时甚至连正规的英国皇家海军士兵中也有很多人不会游泳，真是滑天下之大稽啊！

女王的宠臣

约翰·霍金斯

▲ ［约翰·霍金斯］

约翰·霍金斯是英国16世纪著名的航海家、海盗、奴隶贩子，也是伊丽莎白时代重要的海军将领，他对英国海军进行的改革是英国战胜西班牙无敌舰队的重要因素之一。

霍金斯于1532年出生在英国西南部德文郡普利茅斯的一个商人水手家庭。他的家族是当时英格兰西部沿海一支声名显赫的海上势力，家族的许多成员都从事海外商业冒险活动。1554年父亲死后，他继承父业，开始从事到西班牙和加那利群岛的贸易。通过这些活动，他不仅积累了财富，而且获悉西班牙在西印度的殖民者正急需大量奴隶劳动力。于是霍金斯决心排除西班牙政府的限制，在非洲和西印度之间从事奴隶贸易。

最早的"三角贸易"

1559年，霍金斯娶了海军财务官本杰明·冈森的女儿凯瑟琳·冈森为妻。在岳父和他的同僚以及伦敦商人的资助下，霍金斯于1562年10月率领一支船队出海，开始了他的第一次奴隶贸易航行。船队由三艘船组成，其中最大的"萨洛蒙"号为120吨。为了更方便地在新海域航行，霍金斯在加那利群岛的特内里费岛带了一名西班牙人担任领航员，在非洲的几内亚海岸，他们轻而易举地捕获了300多名黑人。他们带着这些"活货物"穿过大西洋，前往西印度群岛的小西班牙岛（即海地岛），把黑人卖给西班牙殖民者，换取了大量的兽皮、生姜、蔗糖和珠宝。第二年，他满载而归。这是英国最早的"三角贸易"。

作为英国奴隶贸易的创始人，霍金斯不仅赢得了名声和大量财产，也因此成为英国历史上最早进行贩卖奴隶勾当的海盗头子。

搭上英国女王

霍金斯的奴隶贸易引起了英国王室

为了同西班牙争夺海上霸权，伊丽莎白一世女王大胆地豢养和起用海盗，她在位期间，不仅打败了西班牙无敌舰队，而且为英国成为首屈一指的海上强国打下了坚实的基础。经过她近半个世纪的统治，英格兰成了欧洲最强大、富有的国家之一，英国文化也达到了一个顶峰。

浓厚的兴趣，伊丽莎白女王和枢密院官员对他的第二次航行进行了投资。1564年，霍金斯第二次出航。女王把自己的战船“耶稣”号折价投资于他的远航。他按照前一次的步骤满载一船白银而回，成为了英国最富裕的人。正是因为政府对奴隶贸易的默许，使得奴隶贸易越来越猖獗，欧洲殖民国家纷纷参与其中。1565年9月，他再次胜利归来时，女王授予他一枚盾形纹章以资褒奖，纹章的图饰是一个被捆绑的黑人。

▲ [普利茅斯]

普利茅斯是一座拥有丰富航海史的城市，曾经是英国皇家海军的造船厂，也是16—19世纪英国人出海的港口。

英国是一个海洋国家，也是一个日益发达的商业国家。当时，西班牙垄断了海上贸易，赚取了巨额利润，拥有全世界四分之三的贵金属。英国公开支持海盗行为，使西班牙与英国两国关系出现紧张。

在能“让人的灵魂升入天堂”的黄金面前，年轻的英国女王伊丽莎白一世岂会袖手旁观。她信奉的原则是“英国的商业需要英国战船的保护”。

可是在1558年，当时英国海军实力还主要靠民船武装，王室海军只有大船22艘。所以有人说：“英国的军人和海员都跃跃欲试，想向西班牙挑战，但是女王对于他们的呼声，却掩耳不听。”伊丽莎白不是不想挑战，而是她的力量远远不足以与强大的西班牙抗衡。在这种情况下，她便暗中鼓励和怂恿英国的海上冒险家们破坏西班牙的海上贸易，

◀ [无敌舰队舰船]

无敌舰队是西班牙16世纪后期著名的海上舰队，是拥有约150艘以上的大战舰，3000余门大炮、数以万计士兵的强大海上舰队，最盛时舰队有千余艘舰船。这支舰队横行于地中海和大西洋，骄傲地自称为“无敌舰队”。

▲ [伊丽莎白一世]

1558年起任英格兰和爱尔兰女王，她终身未嫁，因此也被称为“童贞女王”。她是英国历史上最杰出的统治者之一。

被伊丽莎白女王不无自豪地称为“我的海狗”的英国海盗们，在造就“伊丽莎白时代”中起了重要作用。海盗与王权结合，海盗的个人利益与国家的利益在这一时代达成了最广泛的一致。王权默许、支持海盗，海盗维护王权、国家独立；国家海盗化，海盗合法化，在世界大舞台上，二者上演了一出惊人的剧目。

掠夺西班牙的“金银船队”，从侧面打击西班牙的海上霸权。英国的海盗活动，使西班牙每年至少损失300万杜卡特。

辉煌一生

1567年10月2日，霍金斯第三次出海。女王借给他王室海军战船“耶稣”号和“米尼翁”号。他的表弟弗朗西斯·德雷克也参加了船队。不料，在返航途中，船队遭遇飓风。恰巧西班牙新上任的墨西哥总督恩里奎斯也率领舰队进港躲避风暴。恩里奎斯向霍金斯发起突然袭击，杀伤了300多名英国船员，击毁了“耶稣”号。霍金斯猝不及防，只好率残部仓促逃走。他历经艰辛，才于1569年1月回到普利茅斯。从此与西班牙结仇。

1572年，霍金斯进入国会。

1577年，他接替岳父担任海军财务官职务，后来又兼任海军给养官。在此期间，他整顿了海军财务，节省了大量开支。他直接领导了海军舰船改进工作，他建造了一批新的中等型号的战舰，这种船行驶速度快，行动灵活，在恶劣天气下也能在海上执行任务。在海战战术上，他推行以炮战为主的新打法，用一种更加轻便易带的大炮取代了旧式大炮，这种炮反冲小，发射快，射程也远。

1588年，英国与西班牙在英吉利海峡进行了著名的大海战。霍金斯改进的舰船无论是灵活性还是火力都优于西班牙船只，为英国海军胜利提供了有利条件，这一战重创了西班牙的无敌舰队。霍金斯本人以海军少将和分舰队长的身份参加了这次海战。由于作战有功，霍金斯被授予爵士称号。

1595年，霍金斯前往波多黎各，进行自己最后的海盗远征，于11月12日到达波多黎各岛附近，当天下午，年迈的霍金斯死在自己的船上。

黑胡子海盗

爱德华·蒂奇

爱德华·蒂奇，绰号黑胡子，他生于英国的布里斯托尔，在所有著名的海盗之中，黑胡子是真正的“海盗之王”。在海盗史上，有抢劫的财物比黑胡子多的，有控制的海域比黑胡子广的，也有杀人越货的手段比黑胡子更恶毒的……但是，没有哪一个海盗像黑胡子那样，符合公众心目中关于海盗形象的想象。

残忍、凶悍、血腥……用这些来形容爱德华·蒂奇一点都不为过。在英国安妮女王时代，蒂奇曾在一艘武装民船当水手。1716年，他开始跟随大海盗本杰明·霍尼戈尔德船长当海盗，后来脱离了霍尼戈尔德自立门户。

▲［爱德华·蒂奇］

“黑胡子蒂奇”名震天下

1716年他指挥着有40门火炮的“安妮女王复仇”号出海，直奔东海岸的英国海防处，在军港港口明目张胆地抢劫了英国商船“爱伦”号，当时在港内停泊的英国海军战舰“卡斯巴勒”号迅速出港截击，两船在港外开始了一对一的“决斗”，蒂奇镇定自若地驾着船避开了每一发致命攻击的炮火，“安妮女王复仇”号瞅准机会全速前进拦腰撞在英国战舰上，皇家海军们吓坏了，他们从没见过这种不要命的打法，正当他们乱成一锅粥的时候，蒂奇的水手们举起枪开始向甲板疯狂射击，英国海军官兵死伤惨重，残破的“卡斯巴勒”号在蒂奇骇人般的大笑中，狼狈逃入港中，自此一战“黑胡子蒂奇”名震天下，整个大

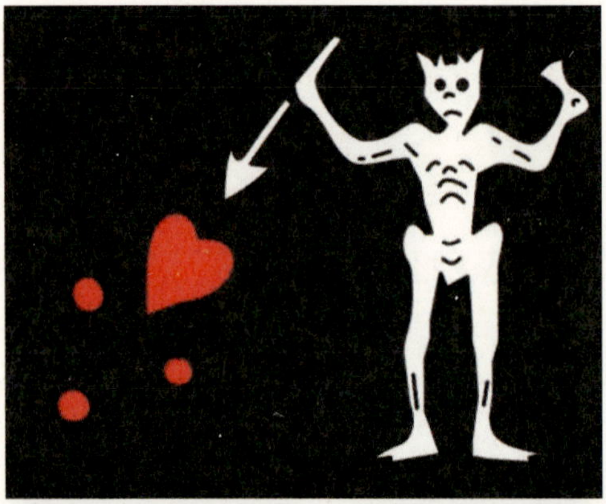

▲［黑胡子爱德华·蒂奇用过的旗帜］

西洋沿岸陷入恐慌之中。

“温顺的蒂奇”就是黑胡子

此后，蒂奇打劫了无数的商船，人们很快发现金钱并非这个家伙唯一的爱好，他最大的爱好是杀人，每劫到一艘船他就要杀死整船的旅客。他是个不折不扣的恶魔，但就在这时，他突然神秘地消失了，因为他爱上了一个姑娘。

黑胡子在袭击一艘商船时杀死了船上所有的人，但只有一个姑娘例外，她是船长的女儿。据说她当时一边擦拭着父亲脸上的鲜血，一边吻着死者额头，完全无视黑胡子和他的手下，“四下弥漫着一种神圣而不可侵犯的气氛”。海盗们完全被震慑住了，没有谁敢上去再给那姑娘一刀，而黑胡子的良知也被唤醒了，他答应姑娘不再做海盗，甚至还剃掉了胡子，他们一起定居在了北卡罗来纳过着稳定安闲的生活，邻居都认为他们是温顺善良的小两口，没有人能想到这个“温顺的蒂奇”就是黑胡子，但两年后一场瘟疫带走了蒂奇生命中的天使，悲伤到极点的蒂奇狂性大发，又一次变成了黑胡子。

> 1997年，据美国官方称，在北卡罗来纳州海岸发现的一艘船只残骸，已经被证实是18世纪臭名昭著的海盗黑胡子的海盗船“安妮女王复仇”号。

黑胡子的死标志着美洲海盗的衰亡

复出后的蒂奇变得更加疯狂，北至弗吉尼亚南至洪都拉斯，全都在他的抢劫范围之内。1718年5月，黑胡子成功实现了堪称他整个海盗生活中最大胆的一次突袭。他竟然率领四艘海盗船封锁了南卡罗莱纳州首府查尔斯顿，将港内的船只洗劫一空后，放了一把大火烧了，他还绑架了不少市政议会的议员，以砍下这些人质的头要挟，要求市政府以巨额赎金换取人质的自由，否则要“踏平查尔斯顿”，在黑胡子的淫威面前市政府不得不屈服。尽管许多人被黑胡子吓到，但弗吉尼亚总督亚历山大·施普茨伍德却是个例外，他决心不惜一切代价杀掉“黑胡子”。

1718年秋，施普茨伍德接到密报说黑胡子的旗舰“冒险者”号正停泊在奥克拉库克湾，总督立刻派遣两艘军舰“珍珠”号和“里姆”号前去抓捕，行动的指挥官是一个叫罗伯特·梅纳德的海军中尉，11月17日下午3点战斗打响了，由于奥克拉库克湾地形复杂，到处都是浅滩和暗礁，战斗刚一开始，双方的船就都搁浅了，海战变成了陆战，但黑胡子的炮手还是准确地击中了“里姆”号，船长贝克当场死亡，当黑胡子带着手下爬上“珍珠”号时，孤军奋战的梅纳德身边只有几名士兵还能战斗。

以为稳操胜券的黑胡子还不知道命运女神的天秤已经歪向了梅纳德一边，蒂奇和梅纳德几乎是同时拔出了手枪射击对方，但黑胡子蒂奇没能打中，倒是梅纳德一枪打中了蒂奇的肚子，但身材魁梧的黑胡子却狂吼着挥舞佩剑，这时候梅纳德身边的一个士兵刺中了他的脖子，黑胡子一边喷着血一边死死掐住梅纳德的喉咙，梅纳德身边的其他士兵则一窝蜂地冲上来连击带打，直到黑胡子断气为止，其他的海盗见蒂奇战死后便马上放下了武器投降了，梅纳德获得了连他自己都不敢相信的胜利，在黑胡子身上总共有25处刀伤和5处枪伤，梅纳德把蒂奇的头割下来挂在军舰的牙樯上带回了弗吉尼亚，一个星期后，黑胡子的头被熬煮了，用银箔裹着，做成了骷髅杯，后来人们在很多小酒馆里使用它，直到这个镀了银的骷髅杯在美国东海岸神秘消失。黑胡子的死标志着美洲海盗的衰亡，除了罗伯茨之外再也没有什么“海盗王”存在了。

开曼群岛是“黑胡子”长期盘踞的地方。如今每年的9月，这里都要举行为期一周的海盗节，吸引着世界各国的游客。

据说，蒂奇每次出战之前，都要在帽檐下挂上一串串点燃的火绳，装神弄鬼，借以吓人。

▲［黑胡子在影视剧中的形象］

左为《加勒比海盗》中黑胡子的形象；右为《海贼王》中黑胡子的形象。

基德船长

威廉·基德

威廉·基德（1645—1701年），出生于苏格兰的格林诺克。他是苏格兰著名的航海家、海盗、私掠者，被人们称为“基德”船长。

▲［威廉·基德］
这幅画像是1701年的一位不知名画家根据英国宫廷画师桑希尔在审判基德的法庭上的一张素描图画成的。这时候的基德头戴假发，身着饰有皱边的上衣，俨然是一位出席晚宴的贵族，而不像是出庭受审的海盗。

1645年1月22日，基德出生于苏格兰港口城市格林诺克一个虔诚的基督徒家庭，其父是当地基督教长老会的神职人员。在他5岁时，父亲去世。在他20岁时全家移民到了纽约，那时的基德已经是一个常年在海上漂泊，有着丰富经验和高超航海本领的优秀水手了。

成功的商人

1690年前后的英法战争期间，基德应征入伍，当上了英格兰武装民运船“布莱斯特·威廉”号的船长，在西印度群岛和加勒比海一带同法国人作战，屡建战功，成为战斗英雄，甚至还得到了英国女王的亲自嘉奖。此时的基德壮志得酬、荣誉有加，更兼英俊潇洒、意气风发，无数美女贵妇围绕在他身边。常年漂泊海上，在炮火和海浪声中打拼的基德，在这些风骚的女人面前，很快就缴械投降。他于1691年5月在纽约和一个富有的寡妇结了婚，并在曼哈顿岛南部买了一幢豪华的房子，然后生儿育女，过着平静的生活。由于有老婆的资金做后盾，头脑灵活的基德很快在商海中赚了个盆满钵满，成了一个成功的商人，并在当地的商界小有名气。

被许可的武装私掠活动

1695年12月，基德经商途中路过伦敦，偶然认识了贝洛蒙特伯爵。贝洛蒙特伯爵是纽约、马萨诸塞和新罕布什尔的总督，他告诉基德：英国政府正在为印度洋上的海盗发愁，急需有航海能力和战斗经验的人为国效力。并请求基德接受他的建议打击海盗和法国船只。对基德这样的海军英雄来说，没有比这更好的发财机会了。正当壮年的基德早已厌倦了乡下那种舒适、平静但又平庸的生活。他当即毫不犹豫地答应下来，并表示自愿为英国政府效劳。

贝洛蒙特伯爵和基德签署了协议，规定基德每一笔“收入”的65%归投资者，

基德自己分 15%，剩下的 20% 归水手。

贝洛蒙特伯爵和包括海军大臣在内的四名权贵联合赞助了这次行动。贝洛蒙特伯爵还在纽约为他招募了 150 名水手。

1696 年 4 月，基德用他们提供的资金建造了一艘 38 米长、配备了 36 门火炮的三桅帆船。这艘船的航行速度和作战能力比得上皇家海军的任何一艘小型军舰。为了表达重返海洋、再战江湖的豪情壮志，基德特意将这艘三桅帆船取名为“冒险”号。

在贝洛蒙特伯爵的安排下，基德还拿到了由英国国王威廉三世发放的私掠许可证，授权他在不侵犯英国利益的前提下，可以放心大胆地攻击海盗船和法国的商船，并约定其虏获的 10% 归英国王室所有。

1696 年 12 月，踌躇满志的基德怀揣赏金猎人的梦想，驾驶着“冒险”号出发了。面对浩瀚的大西洋，有着多年航海和战斗经验的基德船长完全有理由相信，自己必定能够马到成功，既能报效国家，又能赚取巨额财富。

1696 年 12 月 11 日，“冒险”号对印度洋中的海盗

▲［伦敦塔］

伦敦塔坐落在伦敦泰晤士河北岸，最先是一座坚固的城堡和皇家行宫，后来用作关押重要犯人的监狱，现在是一座对外开放的博物馆。

▲［英国国旗］

现在的英国国旗（下）是由英格兰圣乔治旗（上左）、苏格兰圣安德鲁旗（上中）和爱尔兰帕特伯旗（上右）重叠组合而成。当年的商船和海盗船都备有多国国旗，尔虞我诈，以便欺瞒对手。

▲ [新门监狱]

1700年2月6日基德被捕，随后被送进有500年历史的新门监狱，这次就没有再出来。

和法国船只开展攻击，次年9月，基德绕过好望角，进入印度洋活动。

悲惨的结局

1698年，基德打着法国旗号拦截了一艘名为“奎达商人”号的亚美尼亚商船，这艘船持有法国东印度公司的通行证，载有大量丝绸、黄金等贵重商品，但这艘商船的船长是一位英国人。基德劝说其船员将该船放行，但是船员们拒绝了，他们认为根据私掠许可证，他们完全可以合法劫掠任何在法国保护下的商船。基德最终向船员让步，这成为了他噩梦般结局的开始。

当“奎达商人”号被劫的消息传到伦敦后，基德的海盗罪名被坐实，英国政府开出高额悬赏追捕基德。1698年4月1日，基德在马达加斯加遇到了海盗罗伯特·库利福德，其大部分船员都叛离他投靠了库利福德，仅有13人留了下来，与其踏上回乡之路。

基德回到伊斯帕尼奥拉岛（今海地岛）后，得知自己已经被列入海盗名单，于是他弃船前往纽约，希望能为自己辩解，据传在到达纽约之前，基德将其财宝埋藏在长岛西端的加迪纳斯岛上。贝洛蒙特伯爵得知基德返回的消息时正在波士顿，他担心自己受到基德的牵连，于是在1699年7月6日将其诱骗到波士顿逮捕，并立即下狱。在狱中基德受到了残酷的折磨，有说他因此精神失常。

1701年5月23日，基德在伦敦码头被执行绞刑。第一次上绞架时，绳子断了。但执行者们毫不在乎，在第二次终于绞死了他。他的尸身被涂上柏油，绕上铁链，装在一只笼子里，悬挂在泰晤士河河畔有两年之久，以震慑其他的海盗，但基德至死都不承认自己是海盗。

据说基德在临死前，曾交给妻子一张纸条，上面写着4组数字：44、10、66、18，这组数字一直给后人许多猜想。

基德被捕后，他的财宝遭到疯狂的追索。家被抄，赠送给朋友的礼品被收回，埋藏在长岛上的财宝也被挖出。三个星期后，他窝藏的财物清单列出，计有：

1111盎司黄金，2353盎司白银，1磅多重宝石，57口袋糖，41捆杂货。

全部财物在严密的监护下用船运回英国，收入国库。

海盗王子黑萨姆

萨姆·贝拉米

萨姆·贝拉米（1689年2月23日—1717年4月26日），仅仅活了28岁，在有限的生命中，他通过数次大胆的海盗行为将自己“黑萨姆”的外号传遍新大陆的海盗界，因对俘虏的宽大与慷慨，他也被人称为“海盗王子”。

因不能和心爱之人在一起而走上了海盗生涯

在萨姆·贝拉米9岁那年，全家移居美国的普利茅斯，他在那里学习了水手技能，成为水手的贝拉米抵达鳕角后爱上了一个名叫玛利亚·哈利特的姑娘，但是女孩的父母嫌弃他是个水手，并不同意他们在一起。1715年7月一艘西班牙宝船在佛罗巴达州外海遭受飓风沉没，贝拉米想去捞起这些宝藏，来讨好女孩的父母，但是他什么都没有找到，为了不空手回到女孩的身边，他决定去当海盗。

1716年1月他离开佛罗里达州，前往加勒比海地区的海港，开始他的海盗生涯，贝拉米加入了本杰明·霍尼戈尔德的海盗团，后来因为出色的表现被大家推选取代了霍尼戈尔德而成为新的海盗头目，随后他便率领海盗们四处劫掠，取得了丰硕的战果。

▲［萨姆·贝拉米］

“黑萨姆”一名的由来是因为贝拉米有着一头黑色的长发，他通常以带子扎束成马尾。

“海盗王子”

1717年2月，贝拉米成功掠夺了一艘由牙买加返回英国的英籍大型贩奴船

▲ [贩奴船——“维达”号模型]

尽管贝拉米掌权的海盗生涯只有一年光景，但他所率领的海盗团却劫掠了超过 50 艘以上的船舰，包括当时堪称海盗界的顶级战利品——“维达”号及其满载的贩奴所得，估计该海盗团犯罪所得的金银珠宝约有 4.5 吨之多。“维达”号的沉没地点于 1984 年被确认，到 2008 年时仍在打捞，已找到 10 万件左右的物品，是史上第一艘有实物证实的海盗船。

萨姆·贝拉米 18 世纪在委内瑞拉的布兰基亚岛上创建了他的海盗基地，并藏匿了很多珍宝。这些宝藏于 1984 年被发现，委内瑞拉政府于 2007 年 6 月份开始用这些宝藏建设国家旅游设施。

“维达”号，船上贩卖奴隶得来的大批象牙、西班牙钱币、武器、金砖、糖等尽入其囊中。贝拉米以它为旗舰，凭借“维达”号的重装武力，成为当时北美洲东岸海域最令人闻风丧胆的海盗之一。

因为贝拉米的行事作风有别于当时其他的海盗，他对俘虏十分宽大与慷慨，甚至在占领船舰后便将自己的旧船给予俘虏，让俘虏得以逃生，因而得到“海盗王子”“公海罗宾汉”等称号，他还有“黑萨姆”的绰号。他的海盗团员们也自称“义贼团”。

贝拉米则不知所踪

不过“维达”号于 1717 年 4 月 26 日在鳕角近海（麻省科德角湾）遭遇暴风雨而触礁沉没，翌日人们在海滩上只发现 9 名生还者及一些被冲上岸的尸体、船体残骸、钱币与杂物，贝拉米则不知所踪，据传已葬身海底。

海上马车夫

彼得松·霍因

彼得松·霍因是鹿特丹历史上的重要人物之一。他是荷兰最有名的海盗头子之一，也是一位航海家。

荷兰地处莱茵河、马斯河和斯凯尔特河三角洲，海岸线长达1000多千米，境内河流纵横，是一个水域宽广的国家，航海事业比较发达。

荷兰西印度公司是一个模仿东印度公司模式建立的跨国殖民贸易公司。

1675年，由于对奴隶交易的高需求，尼德兰议会决定第二次批准西印度公司的成立，史称第二西印度公司或者新西印度公司。

17世纪荷兰海盗猖獗

早在17世纪，荷兰商人就在世界各地设立了贸易点。荷兰海盗的活动也是从那时起，开始猖獗起来的。

彼得松·霍因是荷兰最有名的海盗头子之一，他也是一位航海家，在任荷兰西印度公司船队的总指挥期间，霍因曾拥有31艘舰船和3000名水兵。他善于使用海上游击战术，截获过大批满载金银的西班牙商船。

据说，荷兰历史上许多金银财宝都是海盗掠夺来的。海盗船作为航海工具之一，也受到了荷兰人的重视和世人的瞩目。至今，在阿姆斯特丹入海口，还停放着一艘硕大的海盗船，供人们观赏，那是荷兰人祖先建造的第一艘多帆远航的船。

▲［荷兰风情］

少年时就成为了水手

彼得松·霍因出生在德夫哈芬（现在是鹿特丹的一部分），他父亲是船长，当他还是个少年时就成为了水手。

1607 年，他前往亚洲加入了荷兰东印度公司。五年后，他娶了安德鲁斯并和她定居在鹿特丹。

1618 年，当时他是“尼普顿”船队的队长，在与威尼斯的作战中表现不俗。

1621 年，他离开了他的船，在荷兰城市发展。一年后，他成为鹿特丹当地政府的一员。

荷兰十分重视发展造船业，在 17 世纪末 18 世纪初，荷兰每年可同时建造几百艘船。仅在阿姆斯特丹一处就有几十家造船厂。这些船拼命压低工人的工资，以降低造船成本，提高竞争力。

荷兰由于造船业发达，加之熟悉航海事业，当“无敌舰队”的威风在海上消失的时候，荷兰的商船队乘虚而入，开始占据海洋。到了 17 世纪中期，发达的造船业已使荷兰成了当时最大的海洋运输国家，被人称为“海上马车夫”。

由海军中将成为海军上将

1623 年，霍因成为海军中将，带领荷兰西印度公司的船队航行去往西印度

▲ [荷兰海盗船]

群岛。

他的舰队在非洲西海岸航行，先是袭击了一只葡萄牙舰队但未能捕获任何船只。

他又穿过大西洋，试图在维多利亚市捕获商船，但被得到当地市民援助的葡萄牙驻军所击败。后来在萨尔瓦多人战西班牙葡萄牙联合舰队，取得小胜。荷兰西印度公司满意彼得松·霍因的领导才能，召集成立了一个新的海上中队由他指挥。此后，彼得松·霍因又在萨尔瓦多攻击并捕获了30艘物资丰富的葡萄牙商船，该舰队的捕获是荷兰西印度公司在加勒比海最大的胜利。彼得松·霍因在1629年回到了荷兰，在那里他被誉为英雄，由于他总是能从海上获得很多战利品，因此被称为“海上马车夫”。

▲ [阿姆斯特丹]

海上贸易的发达，促使精明的荷兰人买了又卖，输入又输出。当时欧洲南方和北方国家之间的贸易，欧洲与东方之间的贸易几乎全部掌握在荷兰人的手中。1609年，荷兰以其雄厚的资本创办了世界上第一个资本主义性质的银行—阿姆斯特丹银行。

在西班牙国王查理五世时，有2421艘船只从西班牙开往非洲，结果只有1748艘返回国内，其中约有673艘被海盗抢走。而从1623—1636年的13年间，荷兰海盗就抢走了550艘西班牙船只，掳掠了价值4000万荷兰盾的财富。

荷兰与其他国家在海上的争夺还在继续，1629年3月26日，彼得松·霍因成为了荷兰和西弗里西亚的海军上将，因此他得以以最高指挥官的身份指挥整个联邦荷兰舰队。他在一次私掠商船的战斗中遭遇敌军舰队，双方交火后，被炮弹击中左肩的霍因当场死亡。

更恰当的称呼是私掠船船长

如今，彼得松·霍因被埋葬在代尔夫特的欧德科克，他的对手多对外宣称，他是一个海盗。现代历史学家也通常认为彼得松·霍因是一个海盗，虽然他更恰当的称呼是私掠船船长。但是，不可否认彼得松·霍因是哈布斯堡家族和荷兰最成功、最著名的指挥官之一。在那个年代，虽然许多海盗船长们表现得也非常出色，但是彼得松·霍因却是一位严厉的、从不气馁的、不守规矩的最优秀的指挥官。彼得松·霍因的行为在他的船员中产生了积极的影响。同时，他从来不是一个个人的私掠船船长，而是指挥整个舰队的战舰的指挥官，他是荷兰的海军上将。

如今阿姆斯特丹的彼得松·霍因隧道是为纪念他而命名的，一首写在1844年歌颂彼得松·霍因上将的《银色舰队》的歌曲，至今仍在唱诗班和荷兰小学孩子们中传唱。

拿着书本的海盗船长

沃尔特·雷利

沃尔特·雷利是英国文艺复兴时期一位多产的学者，同时也是一位政客、军人和探险家，他作为私掠船的船长度过了早期的职业生涯。

南美传说的黄金王国最早是始于一个南美仪式：部落族长会在自己的全身涂满金粉，并到山中的圣湖中洗净，而祭司和贵族会将珍贵的黄金和绿宝石投入湖中献给神。

▲［沃尔特·雷利雕像］

沃尔特·雷利是一位英国船长。作为私掠船的船长，他度过了早期的职业生涯。但在听到有关埃尔多拉多的传说后，他便于1595年率领一支探险队前往南美洲寻找黄金，后来发现了今南美洲圭亚那地区。

航海开始

沃尔特·雷利（约1552—1618年）是一个天才的军人，又是一个富有才华的诗人，他早年在牛津大学法学院读书，在弗朗西斯·德雷克环球航行之举的感召下，雷利和他的一群同学们秘密谋划着去美洲捞一笔。

1580年雷利参加了镇压爱尔兰的起义，他对英国在爱尔兰的政策进行了批评并引起了伊丽莎白女王的重视，他获得了女王的召见并提出了自己对外和海洋贸易政策的观点，得到了女王的大力支持，由此筹集了一笔资金，进行舰队的建立和探险活动，雷利以女王的名义来调动船只，因此他的船队又被称为“女王的船只”。

“失落的弗吉尼亚”

1582年，雷利踏上了向美洲大陆更深处探险的征途以建立新的殖民地。在经历了艰苦的航行后，来到了现今美国弗吉尼亚州的罗阿诺克岛，这便是通常所谈到的“失落的弗吉尼亚”。雷利的

▲［特立尼达岛沥青湖］

1595 年，当英国探险家沃尔特·雷利爵士登上西印度群岛的特立尼达岛屿时，成了第一个获悉“沥青之地”的欧洲人，那里有着大量的沥青。如今我们知道这是特立尼达的沥青湖，一个神秘而有着极大吸引力的地方，可能是世界上最大的沥青储藏地。

一位亲戚阿瑟·巴洛之前曾来此地考察，他极力向雷利推荐这个地方。他写道：“那里处处是高高的雪松、成串的葡萄、悠闲自在的鹿、欢蹦乱跳的兔子和各种各样的家禽。”雷利在这里建立了一个很小的“殖民地”，留下了 117 名愿意从英国来这儿定居的人。雷利有不少科学随从，其中约翰·怀特擅长画图，他把沃尔特·雷利的盾形纹徽画在了一个显著的位置上，这标志着雷利对这片土地的占有。

不过这个岛屿好像不太欢迎第一批英国移民。岛屿环境污浊不堪，到处是沼泽，疾病也开始在他们中间流行。这些移民渴望有船只来带他们回家，但是船再也没有来过，这块殖民地就这样消失了，没有人知道这百名男女老幼的下落。

谁控制了海洋，谁就控制了贸易；谁控制了世界贸易，谁就控制了世界的财富，最终也就控制了世界本身。

——沃尔特·雷利

[雷利吸烟]

沃尔特·雷利在南美时学会了吸烟。由于怕上层社会接受不了新鲜事物，他只好暗地在家抽烟。常常弄得满屋子都是烟雾，他的仆人以为是屋里着了火，急忙向他泼水救火。此事传扬开后惊动了女王伊丽莎白一世。于是女王召见雷利，并饶有兴味地观看他的吸烟表演。从此吸烟之习渐兴，发展成为英国上层社会的时髦习俗。起先人们为驱蚊而吸烟，后来发展到认为吸烟很潇洒、时髦和高人一等，到现在为交际而吸烟，为解闷而吸烟！

在听到有关黄金国的传说后，雷利于1595年率领一支探险队前往新大陆寻找黄金，后来发现了今南美洲圭亚那地区。雷利首先在特立尼达岛登陆，并声称该地为英国所有。然后，他航行到委内瑞拉的奥利诺科河河口，并溯河而上，历时15天，然后转回并考察了圭亚那和苏里南的海岸地带。

发现了沥青，带回了烟草

雷利继续向南航行，来到了特立尼达和多巴哥岛，在那里他发现了沥青，不过他的航行未能继续下去，船队的补给遇上了困难，因此只好回到英国，此后雷利试图去看看那百名男女老幼的生活状态，然而他们却销声匿迹了，这成为历史上的疑案之一。

雷利还从美洲带回了吞云吐雾的物品——烟草，正是这种东西，成为了几世纪以后人类最奢侈与最不健康的日常消费，不知道雷利泉下有知，会是什么感觉呢？

雷利的冒险成功了，拥有了很高的声誉。

风流倜傥，智慧过人

因为冒险的功绩，雷利在1585年受封为爵士，两年后任伊丽莎白一世女王的警卫队长。他风流倜傥，智慧过人，语言幽默。雷利曾写诗赞颂女王，深得女王的欢心，一度曾比任何人都更得女王的宠幸，女王简直完全被他迷住了。当时雷利和女王的确是真心相爱的，雷利所得到的赏赐也是其他人所不能比拟的。不过女王由于政治的原因不能结婚，所以让雷利受了不少冷落以至于移情别恋。

他瞒着女王，与原来就有来往的一位名叫思罗克莫顿的宫女结了婚。这件事让女王十分恼怒，便以玷污宫女的贞操和荣誉之名，将雷利投进了伦敦塔。1603年，詹姆士一世继位，雷利被以意图颠覆王位的罪名下狱，他知道这是因为他曾经支持伊丽莎白一世处死苏格兰女王的意见而遭到詹姆士一世的忌恨，他很坦然。而后因为他的名声太大不能处死的原因被判处缓刑，被监禁在伦敦塔，他也是在伦敦塔里待得最长的一个囚徒。雷利在塔里的日子过得相当舒坦。他甚至把妻子、儿子都接了进来。他在自己的花园里种植烟草，还把一个鸡舍改成化学实验室。闲暇之余，他甚至写出了一部名著《世界史》。

要是一直保持这样，雷利就不会被送上断头台，可惜冒险家的天性葬送了他。

我们都知道沥青是石油提炼后的产物，可以用来铺马路、做房屋的防水。但是在特立尼达岛有一个湖，里面没有水却有大量的沥青，那些沥青都是天然形成的，而且取出来就能用。这就是闻名世界的沥青湖，据说北京长安街的部分路段就是用这里的沥青铺的，可见这里产的沥青质量有多好。

冒险家的天性葬送了他

1616年，雷利给国王詹姆士一世写信，说服他忘掉过去，派他去二十年前去过的圭亚那远征。

雷利获得假释，并保证在不侵犯西班牙利益的前提下在那里开发金矿。1617年，雷利率领一支探险队前往西班牙的奥诺科地区，在途中他病倒了，只得留下。探险队的其他成员继续前进到达了奥利诺科河，但在那里与西班牙定居者发生了战斗，许多人被杀死且烧毁了一处西班牙居民点，探险队灰溜溜地逃回英国，并把所有责任都推卸到了雷利身上。

▲［圭亚那雕像］

圭亚那有黄金、铝矾土、钻石、锰、钼、铜、钽、钨、镍、铀等矿产，其中黄金储量较为丰富，为世界主要黄金生产国之一，主要矿区有奥迈和马鲁迪山区。

因为和西班牙人发生了战斗，这违背了当初的约定，詹姆士一世根据1603年原判，于1618年将雷利处死。此时的雷利已经年老，又身染重病，显得弱不禁风。但他仍表现出他那诙谐的个性。面对刽子手握着的利刃，他风趣地说："这种药的药力太猛，不过倒是包治百病。"

▲［加拉帕戈斯群岛］

科科斯岛的黄金宝藏

爱德华·戴维斯

爱德华·戴维斯是佛兰德人的后裔，是17世纪80年代活跃在加勒比地区的英国海盗，1685年，他率领海盗成功突袭了莱昂和巴拿马，后者被认为是最后一个被海盗袭击的西班牙据点。后来他的大部分海盗事迹被作家威廉·丹皮尔记录在《一场环球之旅》中，他是第一个被记录为太平洋探险的成员之一。

1683年8月23日，戴维斯在维吉尼亚州跟随库克船长开始了自己的海盗生涯，随后向东航行。1683年11月他们航行到了太平洋，戴维斯和其他人加入了约翰·伊顿的海盗船，他们沿着南美海岸袭击了西班牙城市。1684年7月19日库克船长去世后，戴维斯当选为船长接替了库克的工作。

据点加拉帕戈斯群岛

戴维斯的海盗舰队平时就驻扎在加拉帕戈斯群岛上，其原因：一是这个群岛孤悬海外，远离对海盗有威胁的国家，具有得天独厚的地理位置；二是因为加拉帕戈斯群岛是火山喷发后，从海底裂缝中喷涌出来的岩浆涌出地表又经过冷凝、凝固而堆积成的小岛，岛上地势崎岖，满目都是火山锥、岩和悬崖峭壁，海盗船在那里隐蔽起来，外人很难发现。而在“猎物”快要来到时，可以快速出击，到手之后又可以快速隐蔽；三是岛上有着成群结队的巨龟，为海盗们提供了最

▲ [加拉帕戈斯群岛巨龟]

从 17 世纪起，加拉帕戈斯群岛上的巨龟引来一批批的海盗船、捕鲸船，它们接踵来到这个岛上，为的就是捕捉巨龟当做活的食物储存在舱里。有人估计，累计被捕杀的巨龟有数百万只之多。

好的食物，一年四季中，海盗们只要登岛，不费吹灰之力，就可以捉到成群结队的巨龟。因此，加拉帕戈斯群岛就成了戴维斯船长和他手下的海盗们最喜欢的隐蔽处。

戴维斯响应弗吉尼亚议会的号召

从 1684 年起，戴维斯船长常常驾着他的“快乐的单身汉”号帆船，率领着他的海盗舰队，多次在加勒比海和太平洋屡屡打劫来往的商船。凡是被他看中的猎物都几乎无法逃脱他的魔掌，尤其是从美洲开来的西班牙商船。1690 年戴维斯响应弗吉尼亚议会的号召，最终回到英格兰开始打理自己的财产，其中一部分钱用来建设弗吉尼亚州威廉斯堡的威廉和玛丽学院。

科科斯岛的巨大宝藏

戴维斯曾声称他将自己的海盗宝藏藏在科科斯岛，科科斯岛也被认为是世界上海盗埋藏珍宝最多的地方。科科斯岛位于哥斯达黎加西南近 500 千米的东太平洋，坐落在古老火山之上，以自然景观和宝藏传说而闻名于世。它那迷人的传奇色彩从来都是世人瞩目的焦点，有人把它誉为世上最美的岛，有人把它比喻为“侏罗纪公园”，苏格兰小说家史蒂文森由此写出了经典名著《宝岛》。

数百年来，很多寻宝者成批去往科科斯岛，寻找海盗留下的宝藏。但遗憾的是，迄今为止谁也没能发现这些宝藏。

▲ [科科斯岛]

黑牧师

尤斯塔斯

尤斯塔斯是13世纪英国著名的牧师海盗，“黑牧师”是他的外号，他原为英国人效力，后来与法国勾结屡次攻击英国船只，最后也因法国出卖而被处死。

尤斯塔斯出生于一个英国小贵族家庭里，从小跟其他孩子不一样，他着迷于黑魔法，并且坚信依靠黑魔法可以创造奇迹，抱着这样的信念，他去了西班牙的托莱多并在那里着手研究黑魔法，如果这样过下去，或许他真的能有所成就，但这一切都因为他父亲的被杀而发生了改变。

带着仇恨回到布洛涅的尤斯塔斯，设计了一个周密的计划为他父亲报了仇，当然他也犯了法沦为了海盗。

尤斯塔斯驾驶船只在海上以抢劫为辅，大多数时候是运货。当然，如果有机会他也会下手干一把，他最擅长设法用武力控制那些小的商船，然后冲上去杀人劫货。在1205年，他和他的海盗船队迅速控制了多佛海峡，打劫来往船上的货物并拍卖船上的奴隶。

在1205年至1212年间，尤斯塔斯为英国国王约翰效力，以帮助英国对抗法国。在与法国菲利普二世的战争中，尤斯塔斯顺手袭击了英国人自己的海岸线并掌控一个军事基地，与英国的结怨便因此而起。

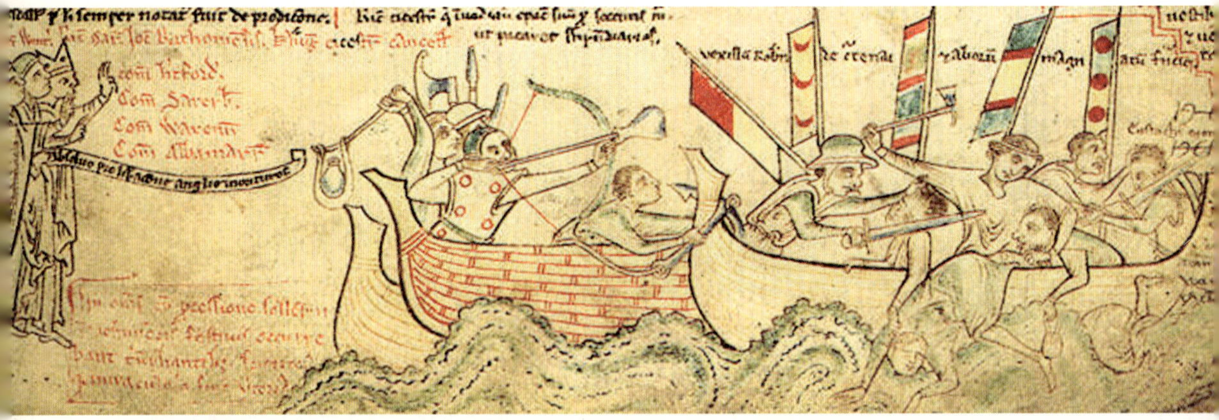

▲ [尤斯塔斯之死]

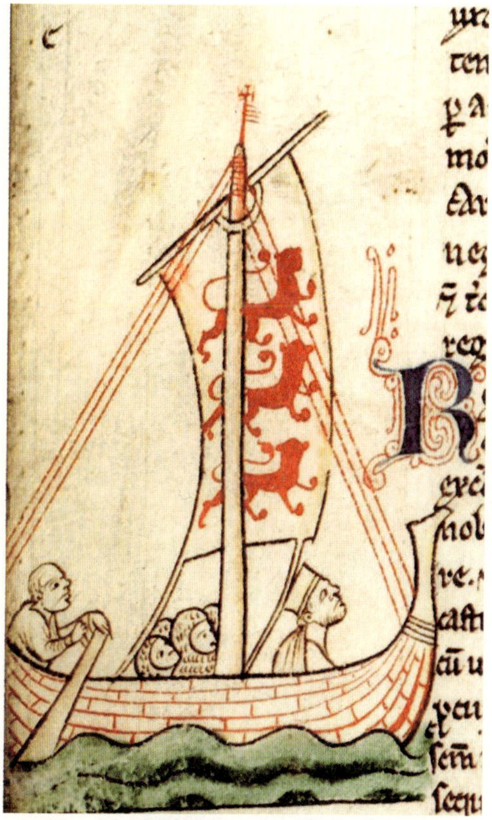

▲ [亨利三世的旅行]

亨利三世于1216—1272年在位，其统治期间政局动荡，内乱时有发生，在亨利支持罗马教皇之后，国内民怨沸腾，暗流涌动。可亨利三世并未察觉，依旧发动远征，而且加上连续三年的粮食歉收，从而激起了一场剧变。

尤斯塔斯与英国政府的积怨逐渐累积，终于在1212年，尤斯塔斯选择与法国海盗勾结，与英国为敌。为了报复英国对查民尔岛的占领，尤斯塔斯攻打了英国岛屿。

1216年，英国国王约翰去世，年仅9岁的亨利三世并不能很好地掌控政权，并且与摄政的威廉姆发生矛盾，威廉姆等贵族在法国的支持下发动了叛乱，叛乱军迅速占领了一些沿海城镇，意图在那里接受从法国运来的物资。

这时的尤斯塔斯率领一支法国舰队开往英国，目的当然是支援叛军。他的舰队在海上遭到一支英国舰队的堵截，双方展开了一场血战。

这场战争非常艰难，尤斯塔斯的人在用光武器的情况下丢出角叉或射箭，但依然有很多人死于英国人之手。作为主帅的尤斯塔斯也只能用桨来打仗，他的胳膊和腿多处都受伤了，但他依然英勇地杀了一个又一个英国人。最后，尤斯塔斯下令登船，他们用石灰往船上撒，摔向船的边缘，粉末升起巨大的烟雾，尤斯塔斯和他的船员，终于将英国舰队打败，并扣押了所有英国人。

后来由于法国贵族的出卖，他们为了防止英勇善战的尤斯塔斯尾大不掉，将尤斯塔斯出卖给了英国政府，导致他被杀害。

劫掠维京人的海盗

乌尼波尔

斯拉夫海盗以位于吕根岛和波罗的海北部的居住地为中心，向四方辐射，进行抢劫活动，并逐渐形成规模，他们最远时曾到达北海海域西部地区。

以乌尼波尔为领导的斯拉夫海盗，不仅曾大闹波罗的海，还袭击了维京人的老家。1136年8月8日，当时斯拉夫海盗乌尼波尔对挪威东海岸的康奴卡哈城发动了突然袭击。

据记载，前来抢劫的海盗们共有几百艘船只，每一艘船都可乘载44名海盗和两匹战马，总兵力达数万人之多。康奴卡哈城顿时一片慌乱，有9艘船只停泊在港口却无人敢去救援，落入海盗之手。斯拉夫人很快就占领了康奴卡哈以外的沿海地区。

▲ [斯拉夫人的生活－版画]

斯拉夫人的名字来自斯拉夫语的词语“slova”，古斯拉夫人以语言来划分民族，把跟自己讲同样语言的人称为“slova”，就是“会说话的人”；而把跟自己不同语言的人称为“nemoi”，就是“哑巴”的意思。

乌尼波尔向城内的居民发出通告，要他们立即投降，并允许居民自由离开，但遭到了全城军民的拒绝。由于城内军民的拼死抵抗，经过长时间的包围和战斗，海盗们士气低沉，有人想放弃攻打康奴卡哈城，但乌尼波尔说明了自己的手下，使他们鼓起了斗志。而这时城内挪威人的力气也已经消耗殆尽，粮食、武器都即将用尽。城内军民信心大减，最后放弃了抵抗。冲进城的海盗们疯狂地抢劫财物，并放火把房屋全部焚毁，把不需要的居民全部杀死，又把一些人带走贩卖为奴隶。

另一边瑞典也被斯拉夫海盗乌尼波尔接连不断的侵扰弄得手足无措，不仅无法进行海上贸易，沿海居民也不断受到骚扰。面对如此强大的斯拉夫海盗，他们束手无策，后来周围的邻国计划结盟抵抗，这就是著名的汉萨同盟。

公牛迪克西

公牛迪克西真名不详，原是一名英国海军上尉，后来成为海盗，是第一批在新英格兰海岸航运中被捕的海盗之一。

这是一个被许多民谣广泛传唱的故事，主人公迪克西是一位海盗，他有着疯狂的行为，据说这是他的复仇计划。

▲ [发现新英格兰的约翰 · 史密斯船长]
约翰 · 史密斯 (1580—1631 年)，早期英国殖民者、探险家，在弗吉尼亚建立了第一个永久英国殖民地，于 1614 年探索了新英格兰地区的海岸，并且将这里命名为“新英格兰”。

为报仇成为海盗

迪克西出生于伦敦，在 1631 年辗转来到波士顿，开始，迪克西用自己的一艘小船，在新英格兰海岸和缅因海岸之间来回与印度人进行交易。

有一次，法国海盗正在此海域劫掠一处贸易站，而迪克西的小船正通过此海域，无辜受连累，也被法国的海盗劫掠，迪克西丢失了所有的货物。

这让曾有过海军军人经历的迪克西大为恼火，他回到波士顿，招募了 20 多名水手，开始从事海盗活动。

身为英国人的迪克西受到法国人的攻击，本应该在成为海盗之后，报复法国人才对，但非常讽刺的是他不仅对付法国人，连英国货船也一样不放过，这其中的原因或许是英国货船比较值钱，所以也成为他的目标。

新英格兰是位于美国大陆东北角、濒临大西洋、毗邻加拿大的区域。新英格兰地区包括美国的六个州，由北至南分别为：缅因州、佛蒙特州、新罕布什尔州、马萨诸塞州（麻省），罗得岛州、康涅狄格州。

恐怖的海盗

在历史上，海盗很少攻打城镇，他们一般漂泊海上，即便是有着强大的政府后台，他们也是慎之又慎不去攻打城镇，而迪克西却非常狂妄。

1632 年，迪克西率领他的海盗舰队攻击了位于缅因州的沛马奎，他们的船只横冲直撞地驶入港口，手下的海盗们洗劫了这个城镇，获得的赃物只有 55 英镑，也有传说是 2500 美元，但不管具体数字如何，可以知道迪克西绝对不是为了赚钱。

洗劫了沛马奎之后，公牛迪克西名声大噪，沿岸居民都知道了有这么一位海盗魔王，也令英法政府海军开始关注到这只海盗队伍，并下达了捕杀公牛迪克西的命令。

至于最后公牛迪克西是怎么死的，众说纷纭，民谣中说他被捕并死于枪决；而另有资料记录，他被法国海军收编，成为攻击英国人的利器。

［波士顿华盛顿雕像］
1630 年，“五月花”号帆船载着 102 名英国清教徒在波士顿以南的普利茅斯靠岸之后，这里便有人开始居住，随着越来越多人的到来，北美大陆上的第一座城市波士顿开始诞生。

阿拉伯海盗

Pirates of Arabia]

阿拉伯海盗

蒂皮·蒂普

蒂皮·蒂普是阿拉伯和东非航道上著名的大海盗，他也是当时东非和中非最富有、最有权势的人，通过抢劫他积累了巨额财富，甚至在桑给巴尔岛建造了金碧辉煌的城堡。

桑给巴尔岛是印度洋中的一个珊瑚岛，距东非海岸35千米，此地早在公元1世纪末就与阿拉伯和东非沿岸等地建立了贸易往来。15世纪末葡萄牙人的探险船队绕过好望角驶入印度洋时，曾到达桑给巴尔岛沿岸。15—16世纪，那些活跃在印度洋上的阿拉伯海盗们就把这个天堂般的棕榈海岸当作活动基地。从此，桑给巴尔岛便以从事奴隶贸易而闻名遐迩。17世纪末，桑给巴尔岛成为阿拉伯国家马斯喀特和阿曼的领地。

1824年，在东非沿岸建立了贸易帝国的阿拉伯人赛伊德·伊本苏丹，将该岛为旨都，大规模从事丁香贸易，开创了岛上最为辉煌的繁荣昌盛时期。

早在10世纪左右，阿拉伯海域就海盗盛行，对往来船只构成威胁，“海盗＝宝藏”成了阿拉伯世界的不朽传说，《一千零一夜》里许多故事，如辛巴达航海都提到了东非海盗。

▶ [桑给巴尔岛的奴隶 -19世纪]

“桑给巴尔”在阿拉伯语中的意思是“黑人海岸”，位于桑给巴尔岛西岸中部的香加尼半岛，曾经是桑给巴尔帝国的经济、贸易中心。中国宋代典籍中称桑给巴尔为“层拔国”，如今在桑给巴尔博物馆中还陈列有中国清朝瓷器。

当时，在阿拉伯哈里发管区、东非海岸和桑给巴尔岛以及马达加斯加岛之间有一条传统商路，通过它运送的除了象牙、香料和丝绸以外，还有成千上万的来自黑非洲的奴隶。这样，阿拉伯和东非之间的航道便以“血泪的海上之路”而日渐闻名起来。

这条富裕的海上之路，当然也引起了海盗们的垂涎。当时印度洋上最著名的海盗，就是具有阿拉伯人血统的蒂皮·蒂普。他曾率领海盗船队多次袭击这条航路上的商船，每次都能顺利得手，劫得大笔财物，满载而归。

最顺利但又最令他遗憾的一次行动

在蒂皮·蒂普的海盗生涯中，最成功、最顺利但又最令他遗憾的一次行动，是1870年劫掠一支由12艘船组成的阿拉伯船队。当时，蒂皮·蒂普得到消息，有一支船队将途经印度洋向桑给巴尔岛驶来。这支船队甲板下装着的除了香料和布匹，还有满满100桶金币，他们准备用这些钱在东非和中非购买奴隶。

蒂皮·蒂普带领海盗船队悄悄地跟在这支商船队后面，不动声色地监视着他们，准备找机会下手。后来，商船队在肯尼亚东海岸附近遇到了暴风雨，导致这支船队不仅偏离了航线，而且许多船只被暗礁和激浪中的岩石撞得支离破碎。但是在大难来临之前，警惕的船员们早已经把那100桶金币用小艇转移到了另外两艘没有损坏的船上。然后，通过一条隐蔽的大河的支流，把100多桶金币运到了盖地城邦。经过几番周折，当那些人把金币藏好之后，回到了剩下的两艘船上准备离开时，他们没想到有海盗尾随在身后，蒂皮·蒂普是个十分残忍的人，那几个人还没来得及解释，就稀里糊涂地全被处死了。

阿拉伯海盗也许是最善于陆战的海盗，其能力不亚于正规军，尤以北非海盗为甚。但相应的，阿拉伯海盗不善于远海作战，因此对据点的依赖性很强。

▲ [盖地废墟]

盖地废墟遗址位于非洲国家喀麦隆蒙巴萨以北105千米，其为大型城市的遗址，在发掘的文物中，除了不少本国珍宝，还包括来自中国的瓷器。另外，传说中的100多桶金币，也使该遗址略显神秘。

蒂皮·蒂普非常自信，他自以为对盖地城邦的每一寸土地都十分熟悉，只要哪个地方稍微有了点变动，他就能觉察出来。但是，这次他想错了，尽管他在此地辗转多次，但始终没找到那100多桶金币。这时候他才后悔自己为什么不留下一个活口。

盖地埋藏着100桶黄金

盖地城邦后来被加拉奥罗莫的部落侵入，遭到了灭顶之灾，繁华的盖地城邦从此不见人影，逐渐被原始森林所覆盖。

1884年，英国人约翰·基尔克爵士凭着一把大砍刀，左砍右砍，硬是在密不透风的原始森林里砍出一条小路，进入了早已消失的盖地城邦，并为这个几百年来一直消失在浓密森林中的堡垒废墟拍下了第一张照片。从此，这座废墟城市就成了“东非的宝贝”。

盖地废墟埋藏着100桶金币的故事和大海盗蒂皮·蒂普的名字，也逐渐在人们中间流传起来。

巴巴里海盗联盟的领袖

贾恩·詹森祖

自从第一代巴巴罗萨建国之后，杰尔巴岛附近就成了海盗的聚集地，他们不断地打击欧洲的商船，组成了自己的海盗联盟，也就是名震地中海的巴巴里海盗。

白三角奴隶贸易

我们知道，欧洲人开辟了掠夺黑人贩卖到美洲并换回大量烟草、蔗糖等产品的黑三角奴隶贸易，前后历时400余年。但很多人不知道的是，巴巴里海盗从16世纪开始，就不断地袭击欧洲地区，大肆掠夺当地人，同时也为了报复欧洲人，海盗们劫掠基督徒，对于付得起赎金的，他们就只要钱，付不起赎金的就将其作为奴隶送到北非和中东的奥斯曼等阿拉伯奴隶市场中拍卖。巴巴里海盗手段残忍，劫掠奴隶的数量惊人。他们在1544年对意大利伊斯基亚岛的袭击中一次就掳走了4000名奴隶，顺带还捎走了附近利帕里岛的3000名居民；1551年巴巴里海盗又洗劫了意大利的维耶斯泰，并斩

▲［欧洲白人奴隶市场］

▲ [荷兰船队与巴巴里海盗联合舰队相遇]

首了5000名居民；1563年巴巴里海盗进犯西班牙的格拉纳达，占领了当地所有的沿海村镇，4000名居民沦为奴隶。

欧洲人对巴巴里海盗的行为并非没有打击，只是非洲北部海岸的地理形势特别适合海盗进出，天然港口往往背靠泻湖，当有敌船企图攻击海盗时，海岸就成为海盗游击战的天堂。在沿海地区，占据制高点的山地为海盗提供了充足的侦察视野；海盗们有足够的时间来应对战斗。当欧洲各国的海军武器装备、编制训练与理论战术还没有得到提升的时候，对海盗的游击战术是无可奈何的，进攻常以失败告终。

▲ [一场与巴巴里海盗的大战]

在16—19世纪期间，意大利、西班牙、法国、葡萄牙、荷兰、英格兰、苏格兰、爱尔兰，甚至遥远的冰岛都有巴巴里海盗袭击沿海地区并绑架居民作为奴隶的记录。

巴巴里海盗在地中海和大西洋上横行了近两百年，对欧洲各国造成的财产损失数以亿计，严重干扰了欧洲各国的海上贸易与沿海地区的发展，欧洲各国深受其害。

▲ [新抵达苏丹皇宫的女白奴在接受检查]

巴巴里海盗主要来自北非国家，自西向东分别为摩洛哥、阿尔及利亚、突尼斯和的黎波里。

良好的海盗氛围，成立诸多海盗王国

17 世纪中叶，随着越来越多欧洲海盗的聚集，加上奥斯曼土耳其帝国管辖力量的薄弱，一些地方的贝伊与帕夏（相当于我们所说的诸侯国）开始拥兵自重，干起了海盗的营生。他们以正规军的装备从事海盗活动，同民间海盗一起在地中海上劫掠商船，并攻击欧洲沿岸的村镇，掠夺奴隶，其中战利品的 10% 作为提成上缴。此项贸易利润颇为丰厚，甚至让摩洛哥苏丹都眼红，于是他也带领摩洛哥人参与了海盗活动。

在16—19世纪期间，意大利、西班牙、法国、葡萄牙、荷兰、英格兰、苏格兰、爱尔兰，甚至遥远的冰岛都有巴巴里海盗袭击沿海地区并绑架居民作为奴隶的记录。在此期间共有 125 万欧洲白人基督教徒被海盗捕获，运回阿尔及利亚、突尼斯与的黎波里三省作为奴隶勒索赎金，而没有被赎回的奴隶则作为商品在市场上贩售，其中一些貌美的女白奴会被运至奥斯曼帝国首都君士坦丁堡，成为苏丹宫中的玩物。

横行海上的詹森祖率领的巴巴里海盗联合舰队

如此情形之下，越来越多的海盗首领聚集在北非地中海一带，他们共同推举了贾恩 · 詹森祖为海盗舰队的首领，一路北上，不断袭击着欧洲沿岸各国甚至打到了冰岛。

詹森祖出生于荷兰，在他担任巴巴里海盗联合舰队领袖之后，他们在大西洋上不断地侵扰欧洲各国的商船，这支海盗联合舰队战斗力相当强悍，虽然历史上并没有留下史料记载，但从下述说明中可见一斑。

詹森祖的海盗舰队先后与英、法、美等国的舰队发生了战争，由于当时欧洲各国的造船业与海军并不发达，所以欧洲各国并未能解决这一心腹大患，相反，由于战争失败，他们还必须向海盗缴纳相当一部分的保护费，以保护本国的船队不受海盗侵扰。

这时期的海盗，个人英雄主义不太适应当时的潮流，于是他们强强联合，为欧洲各国制造了许多麻烦，虽然这批海盗中没有太多的杰出人物，但他们强大的实力是不可抹杀的海盗历史的一段。

海盗王朝的继承者

哈桑·帕夏

哈桑·帕夏是巴巴罗萨的儿子，三次在阿尔及尔以元帅的名义摄政。他继承了他父亲对阿尔及尔的统治，取代了巴巴罗萨贵族哈桑将军自1533年以来对阿尔及尔的统治者地位。

帕夏人生的前期一直在与反抗者对抗，这种对抗持续许久，直到反抗者首领穆罕默德被暗杀。

1558年初，哈桑·帕夏率领阿尔及尔海盗，海陆并进入侵摩洛哥，但他们在摩洛哥北部的费斯瓦嗲战役中失利，西班牙人的进攻使哈桑·帕夏不得不撤到奥兰。他从摩洛哥北部的夸萨萨港上岸，与在那里上岸的阿尔及尔海盗联合抵御西班牙人。

1571年，哈桑参加了著名的勒班陀海战。面对神圣同盟舰队的奥斯曼帝国调动了1万名水手及3万名士兵参加战斗，并得到了海盗同盟的支援。在这次战役中，哈桑·帕夏掌握222条划桨船、56条快速划桨船及一部分小型船只迎击。此外，他也调动了部分精锐的土耳其禁卫军参与作战。最后由西班牙王国、威尼斯共和国、教皇国、萨伏依公国、热那亚共和国及马耳他骑士团组成的联合作战神圣同盟舰队击溃了哈桑·帕夏率领的奥斯曼海军，令奥斯曼帝国从此失去了在地中海的海上霸权。哈桑·帕夏也于1572年死于伊斯坦布尔。

◀ [奥斯曼大炮－造于1581年]

在帕夏执政不久就制造了它，长度：385厘米，卡尔：178毫米，重量：2910千克，石弹。1830入侵阿尔及尔期间被法国扣押，现陈列于巴黎。

红胡子巴巴罗萨
阿鲁吉

存留于世的海盗，给人的印象总是驾驶着船舶，穿梭于海洋间，伺机打劫……可历史上，有一位海盗，不仅将自己的名字永远刻于历史长廊之上，还改写了一个王朝的历史。

当东方天骄成吉思汗的铁骑踏平中亚西部时，奥斯曼土耳其人穿越崇山峻岭，定居在小亚细亚台地上的安纳托利亚高原。在这里，奥斯曼土耳其人生息繁衍，逐渐强大，并最终建立了属于自己民族的政权。

几个世纪里奥斯曼土耳其人不断扩大国家版图，每当征服一个基督教地区，这些伊斯兰教徒都会竭尽全力迫使当地人改信伊斯兰教。伴随着奥斯曼土耳其帝国的强大，整个地中海成了穆斯林的世界。

在这个世界中，林立着无数小国家小政权，其中竟然有一个是以海盗头子为国家元首的海盗国家，那就是北非的阿尔及尔。

▲［米蒂利尼石头房子］

米蒂利尼是根据希腊神话中第一个居民，也是Lesvos第一个国王Makaros女儿的名字命名的，大约起源于公元前10世纪纪初。

▲［教皇尤里乌斯二世］

教皇尤里乌斯二世于1503年11月28日—1513年2月21日在位，为教皇史上第218位教皇，被教廷认为是历史上最有作为的25位教皇之一。

巴巴罗萨兄弟一抢成名

巴巴罗萨兄弟，哥哥名为阿鲁吉，弟弟名叫海雷丁，他们是希腊人，出生于米蒂利尼岛。当米蒂利尼岛被土耳其人占领后，巴巴罗萨兄弟参加了土耳其军队，成为一名士兵，踏上了征服北非其他国家的征程。

但没多久，兄弟二人便像许多土耳其士兵一样，摇身变为海盗。阿鲁吉和同伴们出没于地中海地区的北非沿海，打劫过往商船，他因勇敢善战、足智多谋而成为这一带海盗的领袖。

随着贪欲的膨胀，打劫普通的商船已不能满足阿鲁吉对金钱的渴求和对冒险的向往，胆识过人的他居然盯上了罗马教皇尤里乌斯二世的船只。

▲［杰尔巴岛的清真寺］

杰尔巴岛位于突尼斯东南部，加贝斯湾内，是突尼斯也是北非最大的岛屿。岛上覆盖着大片的椰枣树和橄榄树。岛上古迹众多、海滩秀丽，是突尼斯最著名的旅游景点，有“旅游者的天堂”之美誉。

当满载珍贵收藏品和昂贵货物的教皇船只经过厄尔巴岛时，阿鲁吉带领海盗们驱使一艘舰船尾随其后，并以极快的速度赶上教皇的船，与之并行。待时机成熟时，阿鲁吉一声令下，海盗们亮出武器，跳上大船，出其不意地偷袭了船上的水手们，轻而易举地控制了这艘价值不菲的大船。这次成功劫掠不仅使阿鲁吉大发横财，也使得他成为地中海一带的海盗大亨，因为他与弟弟海雷丁都长了一脸红色的胡子，所以被人称为“巴巴罗萨”。

地中海上真正的王者

1504年秋，突尼斯总督将一个叫杰尔巴岛的近海小岛给了阿鲁吉，交换条件是他必须将20%的战利品奉送给突尼斯总督。杰尔巴岛位于突尼斯梅德宁省东部海域，面积约500多平方千米，岛的最大宽度和长度均为28千米，环岛沙滩有128千米。阿鲁吉拥有这个近海的根据地后，无疑增多了劫掠商船的机遇。此后，阿鲁吉船队扩张的速度更快，他们成了地中海上真正的王者。

信奉伊斯兰教的阿鲁吉抢劫的主要对象是西班牙商船，对此，西班牙人对他恨之入骨，多次派兵围剿阿鲁吉，都未获得成功。

1514年，气愤不已的西班牙海军进攻突尼斯，突尼斯总督无计可施，只能向阿鲁吉求援。面对着宿敌，阿鲁吉不惜以相对薄弱的军力向西班牙海军发起攻击，结果可想而知，不仅海盗军团遭到重创，阿鲁吉也在血战中失去了左臂。

▲ [阿尔及尔教堂]

阿尔及尔气候宜人，满城花木果树，是个非常美丽的地方，马克思晚年曾来此疗养。

"巴巴罗萨一世"

惨败后的海盗被迫放弃了杰尔巴岛，向西转移。在这期间，阿鲁吉因伤无法主持大计，便让弟弟海雷丁代替他管理船队。海雷尔比哥哥更加聪明，或者说是狡猾，并且精通 6 个国家的语言。在新的据点，阿鲁吉重整旗鼓，召集人马，北非的海盗们纷纷慕名投奔，一时之间，阿鲁吉的舰队再度成为地中海上规模最大的海盗舰队。

时间转眼来到 1516 年，西班牙国王斐迪南去世，位于北非的西班牙殖民地阿尔及尔趁机反抗，扬起了独立的大旗。阿鲁吉认为这是向西班牙复仇的良机，于是出兵攻打阿尔及尔的西班牙驻军。至 1517 年，巴巴罗萨兄弟不仅攻下地中海南岸的阿尔及尔，还控制了阿尔及尔的周边地区。在阿尔及尔呼风唤雨的阿鲁吉索性自立为王，正式登基，成为阿尔及尔苏丹，史称"巴巴罗萨一世"。

阿鲁吉寡不敌众，节节败退

由于阿鲁吉需要向土耳其帝国缴纳高额贡税，对此巴巴罗萨兄弟早有不满，在占地为王之后，他们便与土耳其帝国决裂了，失去强大后盾庇护的阿鲁吉根本就不是西班牙海军的敌手。

▲ [阿尔及尔海岸]

1518年，西班牙历史上著名的君主查理五世发兵征讨阿尔及尔，气势如虹，锐不可当。战斗中，阿鲁吉寡不敌众，节节败退，最终与追随者全部战死，无一幸免。

阿鲁吉死后，弟弟海雷丁继承了他的地位和富可敌国的财富，最终在君士坦丁堡颐养天年。

这真是一个极富戏剧性的故事，谁也没想到帮助穆斯林竖立海上权威的不是土耳其人，而是两位希腊海盗。

▲ [毕加索的《阿尔及尔的女人（0版）》]

印度洋海盗

Pirates of the India sea

海盗中的达·伽马

托马斯·图

他出生于底层海盗，也是欧洲第一个长途跋涉到印度洋抢劫的海盗，被誉为海盗中的达·伽马，他就是托马斯·图——一个海盗中的先驱者。

托马斯·图出身于底层海盗，没有人知道他的具体生辰，只知道他大约是17世纪中叶出生在希腊的罗德岛，于1692年入股经营“友谊”号快帆船，成为这艘武装民船的船长，他通过贿赂官员获得了袭击法国港口的私掠许可证。但是在出海后，托马斯·图改变了主意，骨子里透着冒险精神的他说服了船员，将航向指向了“堆满黄金和香料”的东方。尽管他知道这样的计划意味着：如果成功，他们的下半生将衣食无忧；但是如果失败，他们将死无葬身之地。

武装民船也是当时的特殊产物，也就是类似于领到“私掠许可证”的海盗船，

“友谊”号开始扬帆向东沿着当年达·伽马开辟的航线进入印度洋，或许是上天也偏爱这位新出道的海盗，他们刚驶到红海海口就遇到了一艘莫卧儿大帝的宝船，这成了托马斯·图的第一个猎物，凭借着破釜沉舟的决心，仅有60名海盗的“友谊”号击败了宝船上的300多名印度士兵，掠得大量的财宝。巨大的收获让托马斯·图的自信心空前膨胀，他沿着阿拉伯和印度海岸线一路掠夺，甚至绑架土邦邦主，勒索大批象牙与印度出产的香料，当1694年4月“友谊”号回到罗德岛时，托马斯·图带回的巨大财富使他一夜之间成了万众瞩目的人物，年轻人纷纷辞掉工作，跑到船上来要求入伙，包括英国总督在内的社会名流们也频频向他发出宴会的邀请，但是

▲［托马斯·图的海盗标志］

受到震动最大的还是那些海盗同行们，从大西洋到加勒比海，从圣·马丽诺港到新普罗维斯顿，到处都在传播“东方有宝藏，托马斯·图已经成功”的消息，自此德雷克开创的“西方战场”不再是海盗们唯一的选择，更多的人开始注意“东方的财富”，莫卧儿王朝和东印度公司叫苦不迭的日子开始了。

“功成名就”的托马斯·图并没有满足，1694 年 11 月他再次雄心勃勃地起锚向东而去，但这一次，幸运之神并没有站在他身边，1695 年 9 月，当他在红海上与一艘印度船只战斗时被乱枪打死。据说他的肚子开了花，肠子流了一地，没有人知道那天是几号，先驱者托马斯·图连自己的忌日是哪一天都不知道就下了地狱，像大多数海盗一样，他从大海中来，最后又回到大海中去了。

▲［印度洋］

大嘴巴

穆罕默德·阿布迪·哈桑

穆罕默德·阿布迪·哈桑，绰号“大嘴巴”，是索马里海盗中“臭名昭著，颇有影响力的首领”。

从2004年开始，哈桑在活跃于北印度洋的海盗中可谓十分瞩目。他带领部下创造了国际公海上两次最大胆的劫持。

两次最大胆的劫持

2008年11月，哈桑和部下在印度洋海域劫持了沙特阿拉伯的超级油轮“天狼星”号，油轮上装有价值1亿美元的原油，哈桑开价2500万美金赎金，但最终只得到300万美元赎金。“天狼星”号与美国海军的航空母舰大小相当，这次“史上最大船只”劫持事件使得哈桑声名大噪。

2008年年末，哈桑又率手下劫持了乌克兰装载武器的“菲娜”号，船上安置有高射炮、火箭弹以及至少30辆T-72坦克，在经过100天的对峙后，直升机盘旋在“菲娜”号上空，空投给哈桑超过300万美金，他的行径引发了全球关注和恐慌，之后有十几个国家派出三十几艘舰艇在哈桑经常出没的亚丁湾和印度洋护航。

▲［穆罕默德·阿布迪·哈桑］

随着1991年索马里内战的爆发，亚丁湾这一带海盗活动更趋频繁，曾多次发生劫持、暴力伤害船员事件。

加尔卡尤是索马里的中心，尽管战略位置重要，但是城市发展很差，失业率很高，暴力是人们日常生活中的一部分。海盗在当地有相对较高的地位，能挣钱建立大房子和企业。很多人梦想成为海盗，因为那代表着成功。

由于海盗猖獗，许多船队在通过索马里海域时多配备私人安保，海军在该海域的护航也有所增加，导致索马里海

▲［索马里海盗装备］

由于海盗的猖狂，2008 年 10 月 29 日，索马里总统给国外军队“开绿灯”，允许他们在索马里国境范围内打击海盗。作为回应，海盗决定和军队放手一搏。

盗 2013 年行动成功率陡降。同时，索马里政府为鼓励“大嘴巴”投诚，也给了他外交身份和护照。

2013 年 1 月，穆罕默德·阿布迪·哈桑宣布“金盆洗手”，退出海盗这桩“肮脏生意”。其间有媒体披露，“大嘴巴”在退出江湖之后，曾有意介入索马里政坛。

准备“诱捕”索马里海盗头子

2009 年时，有两名哈桑海盗组织中的成员因袭击、劫持比利时船只被判刑入狱。比利时警方并不想就此结案，希望能够“顺藤摸瓜”抓到元凶。比利时警方开始精心设计方案，准备“诱捕”哈桑。比利时警方通过“线人”与穆罕默德·M·A 接上了头，落实了“诱捕”计划第一步。随后，又通过穆罕默德·M·A 接触上“大嘴巴”穆罕默德·阿布迪·哈桑，怂恿两人前往比利时参与一部有关海盗题材纪录片的摄制工作。据悉，比利时方面“答应”以穆罕默德·阿布迪·哈桑为原型，拍摄一部有关海盗台前幕后的纪录片，他们邀请穆罕默德·阿布迪·哈桑前往布鲁塞尔为该纪录片担任顾问。

2013 年 10 月 12 日，穆罕默德·阿布迪·哈桑在布鲁塞尔国际机场被比利时警方拘捕，并转送至比利时北方港口布鲁日看押。

▲［被索马里海盗扣留的渔船］

索马里海盗站在一艘搁浅的台湾渔船附近，支付赎金后海盗才会释放船员。

合法身份下的海盗

罗伯特·絮库夫

罗伯特·絮库夫（1773—1827年）是法国历史上最后一个海盗，主要活跃在印度洋上，曾俘获超过40艘战利品，作为船主从私掠和商业贸易中积累了巨额财富。

▲ [罗伯特·絮库夫]

罗伯特·絮库夫于1827年7月8日去世，被以军人仪式埋葬在圣马洛陵园，他的墓碑是一座展现印度洋的地球仪和一具船锚。

罗伯特·絮库夫曾在“黎明”号、“非洲信使”号和“航海家”号贩奴船上担任过水手和军官，见识了其中的巨大利益。在升任上尉之后，他不顾国民公会于1793年颁布的反奴隶贸易的禁令，作为“克里奥尔”号的船长继续从事这项生意。

他随后成为商船“埃米莉”号的船长，从事袭击商船的活动，尽管他并没有得到政府的特许状。在他所捕获的船只中最著名的是东印度商船“肯特”号，但是在回到毛里求斯后，他的战利品就被政府没收了。此后他回到法国，并被授予法国荣誉军团勋章且安定下来当上了船东。

在回到法国之前，他曾于1807年驾驶“回归”号特制私掠船短暂活动于印度洋，在那里他的私掠船队获得了巨大成功。絮库夫从1809年开始作为船东参与商业，数年之后武装了多艘私掠船，包括“奥古斯特”号、“鲷鱼”号、“爱德华”号、“剑鱼”号、“卡昂市”号、“阿道夫”号，以及“雷纳”号。但他的船队在英吉利海峡遭到了毁灭性打击，英国人几乎俘获了絮库夫所有的私掠船，只有“雷纳”号得以幸免。

长期以来有很多关于絮库夫的传说，有人说他获得了帝国男爵的头衔，但这并非事实。另一个传闻说絮库夫将从“肯特”号上缴获的黄金扔进了大海，而事实上“肯特”号并未携带黄金。

1814年1月，絮库夫被任命为圣马洛国民卫队上校，在百日战争期间担任地区长官负责维持秩序。他在滑铁卢战役之后辞去公职成为一位商人，武装了19艘商船，建立了与纽芬兰的商业往来。

絮库夫于1827年7月8日去世，被以军人仪式埋葬在圣马洛陵园，他的墓碑是一座展现印度洋的地球仪和一具船锚，墓志铭写道：“一位水手完成了他的使命，在墓中沉沉睡去，海员失去了他们的父亲，厄运失去了一位朋友。”

东亚海盗

Pirates of East Asia

锦帆贼

甘宁

《三国演义》中的甘宁，似乎只是众多将领中的一个，而历史上的甘宁虽出身海贼，但在加入东吴孙氏政权后，凭借他的智勇多谋，为东吴立下了赫赫战功。

▲［甘宁画像］
甘宁清代画像

甘宁，字兴霸，年少时，凭借一身的好功夫，为非作歹，但他还是比较有“原则”的，只抢不盗。他专门抢夺船只财物，而且随身还佩戴着独特的铃铛。当船家在江上听到铃铛的声音时，做出的第一反应绝对是——逃跑，否则立马就会被甘宁给抢了。甘宁依靠长江，打劫船只，而且在自己的船上，系有一块上好丝绸，每打劫一次都会在“案发现场”留下他的丝绸，因而有“锦帆贼”的称号。这个称号伴随了甘宁20多年。

直到有一天，甘宁突然觉醒，幡然醒悟后他做的第一件事情，不是去投奔其他人，而是认识到了读书的重要性。他开始博览诸子百家，从他后面的智勇双全可以看出，此时甘宁肯定读过了兵书，知识的积累，使甘宁跟着孙权后的第一战，就给人留下了深刻的印象。

208年甘宁献计奇袭夷陵得手，可是不足千人的甘宁被曹仁四五倍的人数围住，连日箭如雨下，所有人惊慌失措，唯独甘宁谈笑自若，硬是撑到周瑜来援。

……

《三国演义》对甘宁的描写不多，但历史上的甘宁，他的勇猛是可以与关羽相匹比的。甘宁死后，被追封为王，其受重视的程度可见一斑。

东汉海贼

胡玉

胡玉是在《三国志·吴书·孙破虏讨逆传》中出现的海贼，主要在江浙一带活跃，是孙坚成名的踏脚石。

汉末桓灵时期，朝政腐败，百姓无以为生，许多人纷纷下海为盗，而在江浙海盗中势力最大，也最凶悍的就是胡玉海贼团。这些人个个勇悍非常，官府多次征讨都无功而返。何况大海茫茫，找不到胡玉等人的巢穴，州县官员也无可奈何。

▲［汉桓帝］

汉桓帝刘志（132—167年），东汉第十位皇帝（146—167年在位），他是汉章帝曾孙，在位21年。

在《三国志·吴书·孙破虏讨逆传》中记载，在孙坚十七岁那年，他和父亲一起坐船由富春到钱塘。刚好遇到胡玉等人在这个地方抢劫商人的财物。当时，来往的商人都不敢前进，船队也担心被抢，都想等这伙强盗走了之后再出行。这时候，孙坚站了出来，提着佩刀跳上了岸。孙坚上岸后，没有直接冲过去，而是站在江边大声呼喝，手一会指向东方，一会指向西方，好像在分兵派将，调遣部队一样。胡玉等海盗远远看到，以为官府大军真的混杂在众多民船当中。胡玉等人并非真的有实力和官军正面对抗，此时自然害怕，于是立刻逃跑。孙坚看到海盗开始逃了，大声喊着追上去，还砍翻了一个人。众人对孙坚交口称赞，此等少年，注定英雄！

▲［孙坚影视剧形象］

孙坚是东汉末年著名的将领，他为三国东吴的建立奠定了基础。孙坚勇猛果敢，骁勇善战，曾斩华雄。

这个“海贼胡玉”，是史书上最早留下了抢劫财物等典型的海盗罪证的海盗之一，所以东汉后期应是中国海盗开始活跃的时期。

最早见于文献记录的海盗

张伯路

张伯路，东汉农民起义领袖、海贼、天师道天帝使者。为东汉中期寇略沿海九郡的“道巫”海贼，此人以早期天师道（道巫）为精神号召，自称“天帝使者”，他是我国古代最早见于文献记录的海盗。

▲［张伯路民间流传的画像］

早在西汉末年，曾爆发了以吕母为首的海上大起义，聚众万人，攻掠县城，长期据守海岛，给当时的新莽政权以沉重的打击。

东汉自和帝以后，皇帝都是幼年即位，由外戚、宦官轮番把持朝政，政治日趋腐朽。如汉灵帝刘宏公然在西园卖官鬻爵，州郡官职有时一月轮换几次，官吏到任后，就聚敛搜括财物。

自安帝以后，朝廷长期对羌族用兵，耗费军饷四百多亿。这一沉重负担又全部落到农民头上，加上各种自然灾害，以致出现了“田野空，朝廷空，仓库空”的严重局面。大批农民四处流亡，饿殍遍野，连京师洛阳也是死者相枕于路。由于社会危机日益深重，广大农民被迫奋起反抗。

公元109年（汉安帝永初三年）七月，青州地区发生大旱、地震等特大自然灾害，导致民不聊生，人皆相食，地方官依旧横征暴敛，压迫人民。青州（今山东东北部）沿海三千多人“略缘海九郡”。张伯路“冠赤帻，服绛衣，自称将军”，渔民以张伯路为首领，“红衫军”揭竿而起，焚烧官府，击杀官吏，攻占沿海九郡，转战于山东半岛与辽东半岛之间。后因官兵与地主武装联合镇压，起义军接连失利。

张伯路利用起义军多是渔民出身的有利条件，率师泛海北渡，以长山列岛为根据地，依靠岛上渔民，巧与官军周旋。他们经常化装成渔民，时出时没，忽南忽北，杀得官军和地主武装蒙头转向。豪绅为之丧胆，官府日夜不宁。

张伯路起义路线，跨越渤海海峡，其实这条从山东半岛渡渤海海峡经由辽东半岛沿海地区到达朝鲜半岛和日本列岛的远洋航路可溯自新石器时代晚期。自汉初，燕人率人进入朝鲜，自称韩王，受辽东太守节制，负责朝鲜半岛与汉朝交通路线的通畅。

张伯路领导的渔民起义军，盘踞海岛与官军抗衡达三年之久。他还跟河北一带的强盗刘文河、周文光结盟，“攻厌次城，杀长吏，转入高唐，烧官府，出系囚”。联合进攻厌次（今山东惠民东）、高唐（今山东禹城境），冠五梁冠、佩印绶。张伯路是海上武装，为了说明他不是一般人，还分封众头领为将军，自己则带着五梁冠，佩着大印，接受这些人的参拜。

他以海岛为根据地，通过打游击战来挫败官军的进攻。汉王朝派御史中丞王宗、青州刺史法雄，调发幽、冀郡数万军队前往镇压。义军转移至辽东海岛。如此坚持到永初五年（公元 111 年），张伯路被法雄的官军大败，而所据海岛荒凉，没什么吃的，便向辽东转移，官军一路追击。

公元 112 年，起义军终因官军和辽东人李久的地主武装南北夹击而失败。但是，他们却在长山列岛地方史上，第一次写下了渔民武装斗争的光辉一页。最终张伯路战死，海盗武装随之消散。

◀ [三梁冠]

汉朝当时官至尚书的人才带三梁冠，礼制上无五梁冠一说，可见张伯路也是个自我创新，欲跟东汉朝廷分庭抗礼的主。此后才出现超过三梁的梁冠，最多有九梁冠。

中丞：官名。汉代御史大夫下设两丞，一称御史丞，一称御史中丞。因中丞居殿中而得名。掌管兰台图籍秘书，外督部刺史，内领侍御史，受公卿奏事，举劾按章。

刺史：职官，汉初文帝以御史多失职，命丞相另派人员出刺各地，不常置。“刺”，检核问事之意。

张伯路为什么被称为黄巾先驱呢?

文献《法雄传》中将张伯路称为“使者”并且是“天帝”的使者、“黄神越章”，具有仅次于“天帝”的权力。由此可见张伯路使用的是巫师们惯用的伎俩，他们不是凡间人物，而是“黄神越章”的神灵附体。

▲ [法雄]

法雄是齐襄王田法章的后裔，当张伯路揭竿而起时，正是由法雄镇压的。法姓在我国并不多，秦国灭齐国之时，田氏子孙均不敢自称田姓，因此改为法姓。

海盗游行联盟领导

曾旌

我国东南沿海一带，自古多海盗侵袭，而且幅员辽阔，有利于海盗的藏身，自曾旌起义之后，统治者开始有了海防的意识。

▲ 曾旌画像

从有记载以来，台州发生过多次起义：

曾旌起义（132 年）
孙恩起义（399 年）
田浪起义（469 年）
袁晁起义（762 年）
裘甫起义（762 年）
吕师囊起义（1121 年）
方国珍起义（1348 年）
王彝河起义（1857 年）
金清起义（1879 年）
米坑暴动（1909 年）
里程农民武装反抗（1930 年）
还有清朝顺治五年（1648 年）反清复明斗争。

公元 126 年（东汉顺帝永建元年）二月，曾旌等起兵进攻会稽郡东部都尉（台州等地），并在沿海要地屯兵。据史书记载，东汉顺帝永建六年（131 年），会稽（今浙江绍兴）曾旌起义于句章（今浙江余姚），势力不断扩张，控制了甬江口和象山湾一带。后来，曾旌杀了当地的官员，聚数千人，乘船从海上向当时会稽郡的东部都尉治所章安进发。

据《后汉书》卷六《孝顺孝冲孝质帝纪》中记载：汉顺帝阳嘉元年（132 年）二月，吴郡会稽的海盗曾旌率千余人“寇会稽，杀句章、谨、鄮三县长，攻会稽东部都尉。帝诏缘海县各筑寨屯兵戍守。”即东汉阳嘉元年（132 年），东海强人曾旌起义于海上，聚众千人攻打会稽郡，杀死句章、鄞县（今浙江奉化东）、贸县三地县令。句章、鄞县、贸县三县皆在今浙东滨海，会稽东部都尉时治章安。在这里，既有海防力量的出现，也有海防基础设施的建设，又有海防思想的萌芽。这些应该都是我们考察中国海防历史起始的重要因素。因此，此实为中国沿海开展军事防务之开端。

台州爆发曾旌起义六年后，即东汉永和三年（138 年），以“章安县东瓯乡”为永宁县。曾旌部队“拘杀吏民，攻东部都尉扬州六郡”，而后便不知所终。这其实是浙东南沿海“山越”部族对东汉南进“王化”政策的一次反抗，也是山越部族自治制与东汉王朝郡县制的一次较量；当然最后较量结果以曾旌失败告终。

郁洲山海贼之王

薛州

薛州是黄巾军三十六方大渠帅之一，黄巾起义失败后他盘踞在郁洲山，苦心经营，是东海广陵一带的巨贼。

薛州昔年是黄巾军三十六方大渠帅之一，黄巾起义失败后，他拉扯起了将近四万人的队伍。这些人基本都是当年黄巾起义失败之后的黄巾军，拖家带口来到郁洲山避难。薛州率领着这一群海贼，在徐州海西、驹县、广陵一带不断地上岸抢掠，将劫来的东西都换成粮食。徐州的官兵一直想要围剿这些海贼，但是由于郁洲山位于东海郡之旁，一座紧靠着的小岛之上，位置比较偏僻，所以官兵连他的老巢都摸不到。

好景不长，江东军从海上而来，规模甚大，运送着上万精锐的兵卒，其中还有不少的骑兵，在早晨浓雾氤氲的时候，登陆郁洲山，不用一刻钟，就完全地占据了郁洲山。

郁洲山上虽然也有两千多训练有素的士卒，但是面对这么强大的兵力，还是被偷袭，完全不是一合之敌，就全部被俘虏了。

薛州的心情很复杂，他从来没有想过，有一天居然在自己经营了好几年，号称固若金汤的老巢郁洲山之中，被人直接给俘虏。薛州没有别的出路，投靠了江东军。出身黄巾的他，也曾经想要投奔徐州，可惜当时的徐州刺史陶谦根本就看不上他。

▲ 薛州画像

黄巾之乱，是中国东汉晚期的农民战争，也是中国历史上规模最大的一次宗教形式组织的暴动，开始于汉灵帝光和七年（184年），由张角等人领导，它对东汉朝廷的统治产生了巨大的冲击，逐步导致了东汉的灭亡与三国时期的到来。

黄巾军为什么头戴黄巾？依照华夏传说的五行思想，金、木、水、火、土的循环理论，汉王朝属火，克火者是土，因此代替汉王朝的理应属土。黄土高原的土都是黄色的，所以太平道信徒，均以黄色头巾为标志，这也是黄巾党人的由来。

江东收编薛州后，命薛州在广陵驻守，此地并非江东势力范围，薛州经过多年的经营成为广陵一霸。

建安元年（196年），曹操派陈登收服了海贼薛州，并将其部下改编成广陵郡兵。

《三国志·陈登传》中有记载“海贼薛州之群万有余户，束手归命”。

历时13年之久的海上武装起义

孙恩、卢循

东晋末年，孙恩、卢循领导了海上大起义，从东晋安帝隆安二年至义熙七年（即公元398—411年），前后历时13年之久，有近百万人投入战斗。他们领导的海盗武装大军从江浙转战长江以南地区，纵横东海、南海，如此波澜壮阔的海上武装起义，是海盗中屈指可数的。

东晋末年，朝廷内部混乱腐朽，阶级矛盾激化，农民起义此起彼伏，海上海盗武装活动日益活跃，陆海人们的反抗斗争，终于汇成孙恩、卢循所领导的海上大起义。

孙恩是何人?

孙恩（？—402年），出自琅琊（今山东临沂）孙氏，属于低级士族。

东晋孝武帝时，孙恩的叔父孙泰是五斗米道的教主，而孙恩也自然是信奉五斗米道的，他的叔父威望极高，有“敬

▲ [张陵、张天师]

五斗米教是由张陵创立的。张陵是东汉人，传说为西汉开国功臣张良的后代。入教的人需交纳五斗“信米”，这便是“五斗米教”的由来。遇到饥荒时，就拿这些米来接济灾民。在那个灾祸不断的时代，这一举措受到了穷人的欢迎，入教的人越来越多。另外，由于张陵有“天师”之称，所以该教派也叫“天师道”。

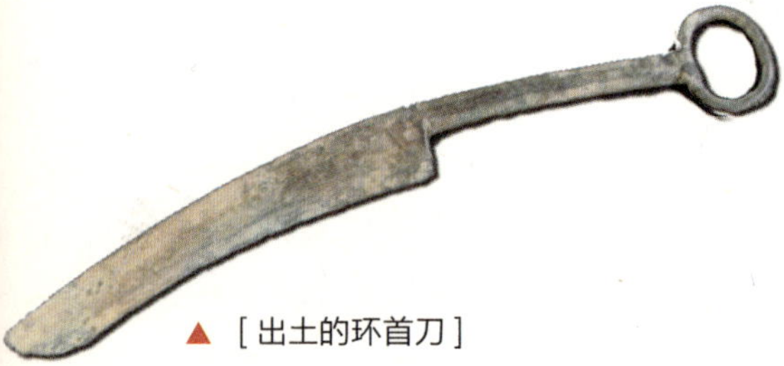

▲ [出土的环首刀]

当时的刀比较流行的还是环首刀。这种刀的刀身窄而直，刀尖下斜，刀柄一般是在铁芯外包裹木把，缠绕丝绳。这种刀属于短刀的范畴，既适合劈砍，也可用来击刺，使用非常灵活，是一种非常适合步兵的兵器。

之如神”之说，教徒分布南方各地。

在隆安二年（公元 398 年）的“王恭之役”中，孙泰起兵，他煽动百姓，私集徒众，被官府镇压，孙泰死于暴乱，跟随他的孙恩逃出海，聚众弟子，成为海盗，誓为叔父报仇。在孙恩起义的同时，掌握东晋政权的司马元显下令征兵役，百姓暴动不安，大多投靠了孙恩，其队伍迅速壮大，很快就发展到数十万人。

东晋末年的孙恩、卢循起义，不仅是一次推翻东晋的武装斗争，在宗教方面的意义也很大，这次起事本身就带有浓重的宗教色彩，它也在某种程度上打击了道教，推动了以后北朝寇谦之、南朝陆修静对道教的改革，也为佛教抨击道教提供了依据。

◀ [长刀]

《宋书·武帝本纪》载，刘裕在镇压孙恩叛军作战时，“会遇贼至，众数千人，高祖便进与战。所将人多死，而战意方厉，手奋长刀，所杀伤甚众。”所谓长刀，即柄特长而刀身宽的刀，这种刀不是主流，只有少数军官或勇力非凡的人使用。

孙恩、卢循的起义是门阀衰落、寒人兴起的一个重要标志，迫使刘裕（当时的执政者）采取一些减轻人们负担和抑制豪强大族的措施，从而为刘宋初期江南经济的繁荣创造了有利条件。

卢循是何人？

卢循（？—411 年），字于先，小名元龙，是范阳世族司空从事卢湛的曾孙。

卢循长相清秀，富有才艺，并且擅长草隶，是个文雅书生。如此之人，为何会成为海盗并且跟随孙恩起义呢？因为卢循是孙恩的妹夫，两人关系很好，同时得不到朝廷的重用，当孙恩计划起事时，卢循积极地为其谋事。

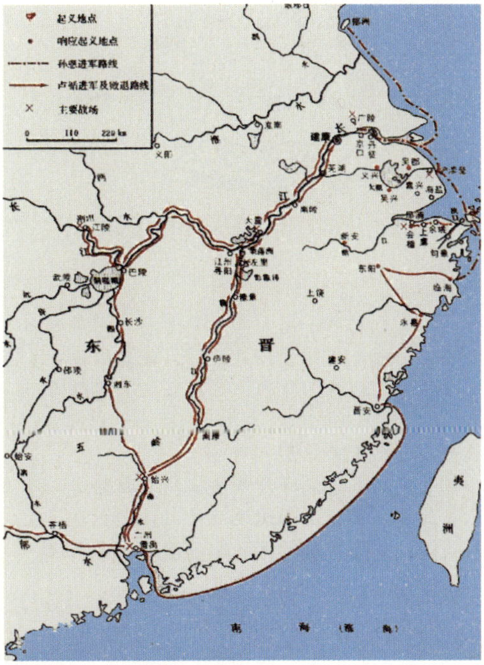

▲ [孙恩、卢循起义图]

孙恩自称征东将军

孙恩自称征东将军，率领起义群众，与东晋王朝展开了斗争。许多官僚和士族被杀，不少官府和地主庄园被焚毁。朝廷征调卫将军谢琰（谢安之子）和辅国将军刘牢之，率领北府兵前往镇压。起义军在进行了英勇的抵抗之后，转移到海岛上。

卢循势力衰败，知道不能免死，他先将妻子儿女十余人毒死，又召集姬妾问道："我现在要自杀，谁愿意跟我一起死？"多数人说："麻雀、老鼠还贪生，去死实在是人情所难。"有的说："官家准备死呢，我岂能想活着！"于是他把那些不愿随死的人全部毒杀后投水自尽。

隆安四年（400 年），义军第二次登陆，次年五月第三次登陆，元兴元年（402 年）第四次登陆，给东晋王朝造成很大震恐。最后一次登陆作战义军被晋军击败，孙恩投海而死，余部由他的妹夫卢循率领，继续战斗。

卢循自称平南将军

卢循自称平南将军，在番禺建立了政权。任姐夫徐道覆为始兴太守，与他共同领导起义军。之后一路作战，多次失利，最后只剩下几千人。

义熙七年三月，卢循退至广州，此时番禺已为晋军所占。卢循连攻不下，又西南进攻交州，战败投水而死。徐道覆退至始兴，二月间，与晋军作战，英勇牺牲了。

孙恩、卢循领导的起义是东晋南朝时期规模最大、历时最长的一次农民起义，持续了 13 年之久，起义军转战长江中下游以南的广大地区。起义虽然失败了，但却对东晋门阀士族造成了沉重的打击。孙、卢是失势士族，起义初期也确有不少地主分子参加，但义军的基本成员无疑为会稽三吴地区的贫苦农民和奴客。起义席卷东晋大部分地区，东晋王朝业已名存实亡。

▲［最后一次被晋军击败，孙恩投海而死］

东晋末年任过太守的徐道覆是卢循的姐夫。起先与卢循密谋造反时，想建造舰船，他派人到南康山伐木，先是假称将运到都城去卖。后来又说因人力不足，不能运到都城，就在本地减价出售。

当地居民觉得价钱便宜，争着购买，储存在各自家中。如此连续几次，便积存了大量做船板的木材。等到徐道覆举兵造反时，他按卖木材的票据去取回木材，没有人敢隐藏不给。于是徐道覆拼命造船，十多天就把所需船只造齐。

曹操征海盗

管承

管承，青州东莱长广（今山东莱西）人，是东汉末年据北海淳于一带的海贼首领。曾一度在海边侵扰，让曹操十分苦恼，无奈之下只得东征，亲自剿灭管承等人。

《三国志·武帝纪》载：“建安十一年（公元206年），秋八月，公东征海贼管承，至淳于，遣乐进、李典击破之，承走入海岛。”这是三国志中关于管承入海的记载，公，指的是曹操；承，指的就是管承。

由《何夔传》、《吕虔传》的简要记载我们知道，管承并非一般的海贼，而是属于响应黄巾军起义的一方豪杰，后来接受了袁谭的收编，成为袁绍势力的重要组成部分，在地方上拥有较大的影响力和号召力。

曹操在官渡之战打败了袁绍后，管承等部并没有归附曹操，而是自保一方继续与曹操抗衡，因此被称为“海贼”。在曹操的心目中，他们属于袁氏残余势力，而且与管承同时并存的“海贼”还有很多，因管承部较强大，所以史书中就以“管承”为其代表。何夔、吕虔对这些“海贼”并没有从肉体上剿灭，而是采用“喻以恩德”、“开恩信”的“招抚”策略，使之暂时“请服”、“降服”或使“离散之”，其势力仍活动于长广、乐安、济南等郡县，构成了曹操“后院”的心腹大患。

▲ [管承画像]

管承这支队伍十分庞大，庞大到让曹操夜不能寐的程度，郭沫若主编的《中国史稿》记载：“初平三年（192年），冬，被曹操收编的青州黄巾军有三十多万人，男女百余万口。但另一支青州黄巾军在徐和、管承等领导下仍然坚持斗争。……建安十一年，曹操亲率大军前往镇压，管承被迫亡走海岛”。

何夔，字叔龙，陈郡阳夏县（今河南太康）人，何夔避乱河南时被袁术强召为下属，后来逃回家乡投奔曹操，曾任司空掾属、城父令、长广太守、乐安太守、丞相府东曹掾。魏国建立之后，任尚书仆射。曹丕被立为太子之后，何夔曾任太子少傅、太傅、太仆。

南澳海贼

许朝光

许朝光，本姓谢，生于饶平县东界所城，明代海盗首领，与倭寇勾结多次掠夺大陆沿海地区潮地，烧杀抢掠，无恶不作，后虽接受招抚，但“贼性”未改，继续干其海盗的老本行。

▲ [许朝光]

许朝光原姓谢，海盗许栋引倭寇袭扰所城时，杀其父，掳其母，并收他为义子，许朝光长大后知道了许栋杀他父亲的事情，于是在嘉靖三十七年（1558年）将许栋杀死并接管了许栋所有的队伍，自立为澳长，在海阳辟望村、揭阳牛田洋及舠浦进行“计舟榷税”，对商船“抽分”，名叫“买水”。这种做法，虽非明王朝“法纪”所容，但对海商来说，“买水”后可以船货安全，为潮州海商所接受。

许朝光为了进一步发展其势力，一方面以地处漳、潮海洋交界的南澳岛为“巢穴”。另一方面收罗被戚继光、俞大猷征剿的大海盗王直余众，这些部众大多来自漳州、泉州、温州、绍兴等地，由此，许朝光的劫掠海域扩大到闽浙等地。许朝光多次勾结倭寇攻击沿海村镇，致使一些村落沦为废墟。

在嘉靖四十二年（1563年），许朝光同意接受朝廷的招安，但开出了苛刻的要求：“进城接受招安时，城门不可关闭，同时要允许带左右卫兵，卫兵的兵器也不准解除，各城门都要有许朝光的手下参与把守，要有特殊的礼节进行宴请接待，县官必须陪在身边，不拜见府道大员，宴会结束后即刻出城，回到自己的驻地，保留原班人马。”这样的招安条件，官府居然无力驳回，只得答应。于是受降仪式成为海盗招摇过市的一场盛大演出。

城中百姓倾城而出，观看海盗入城。海盗们在凌晨时驾船登岸，从南澳岛的老巢出动，日上三竿之时进城。城门大开，许朝光带领部众鱼贯而入。许朝光及主要头目骑着高头大马，边行边冲左右围观的人群抱拳示意，人群中嘘声一片，人们眼睁睁地看着这个昔日的杀人魔王在洋洋得意地表演。

后来许朝光的海盗集团发生内乱，他被手下莫应夫杀死（一说为陈沦海所杀）。

到城里吃喝一顿，摇身一变，即成了官家人。出城之后，在海边驻防，仍自抢夺财物，官府也是睁一眼闭一眼。此外，许朝光一党又打着官府的旗号，在海上收税，比做海盗时更加猖獗。

海上大王

郑芝龙

郑芝龙，小名一官，字飞黄，福建南安石井人。明末清初东南沿海第一大海盗，先后归附明清两朝为官。

郑芝龙小名一官，1604年出生于福建南安一个小官吏家庭，从小习海事，"性情逸荡、不喜读书、有膂力，好拳棒"，不被父亲郑士表所喜。

1621年（明熹宗天启元年），郑芝龙18岁时，与兄弟齐至澳门的舅父黄程处学习经商，并于澳门接受天主教洗礼。常往来东南亚各地，后到日本九州，因习剑术，结识并娶了福建泉州府籍华侨铁匠翁翊皇的义女田川氏为妻，并追随于日本平户岛的华侨大海盗商人李旦门下，初时担任翻译等工作，后逐渐成为李旦的得力助手，深得李旦信任。

▲［郑成功雕像－鼓浪屿］

郑芝龙自立门户，并改名为芝龙

1624年7月14日郑芝龙妻子于平户岛千里滨产下儿子郑成功。同年中秋后，郑芝龙将事业重心自日本九州岛迁到台湾，归附"日本甲螺"（倭寇首领）颜思齐。1625年颜思齐死后，郑芝龙结合诸海盗首领，号称十八芝，拥有当时福建沿海实力最强大的一支武力及商业团队，领导海贼数万人，经营走私与劫掠事业，横行于台湾海峡。他的手法与一少年郑芝龙是极品花样美男，而非影视剧中的鲁莽大汉的样子，在这一点上是有共识的，随手就能摘选几例：

（1）郑飞虹（即郑芝龙），幼姣好——《广阳杂记》；

（2）飞黄（即郑芝龙）固姣好色媚——《明季北略》；

（3）见其姿容秀丽，公曰：汝当贵而封王——《纤言》。

般海盗不同，“遇诸生则馈以赆，遇贫民则给以钱，重赏以招接济，厚糈以饵间谍，使鬼神通，人人乐为之用”（《熹宗天启实录》七年八月）。同年8月2日，大海盗商人李旦办好厦门、长崎及台湾

▲［郑芝龙的妻与子雕像］
郑芝龙的日籍妻子作为郑芝龙回国的人质一直待在日本，后虽来中国与丈夫相见，但仍有田川氏次郎（郑芝龙次子）质扣于日本。

贸易，从台湾回平户途中去世，其台湾的产业和士卒转归郑芝龙控制，而在厦门的则落入许心素的手里。郑芝龙自立门户，并改名为芝龙。

成为华东与华南海洋世界的唯一强权

1626至1628年，郑芝龙以台湾魍港为基地，劫掠福建及广东数地，使明朝官兵疲于奔命，虽期间有朝廷招安动作，但被郑芝龙拒绝并在台海纵横两年六个月，直到1628年年底，福建巡抚熊文灿再度招安郑芝龙，成为“海防游击”。

崇祯元年（1628年），郑芝龙与荷兰东印度公司台湾长官签订了一项为期三年的关于沿海贸易的协议。两年后（1630年），又签订了一项荷兰人对于郑氏船只不得进行伤害的协议。在郑芝龙剿灭海寇李魁奇、钟斌的作战中，荷兰人还曾予以协助。

1633年郑芝龙于福建金门附近的料罗湾海战中击溃荷兰东印度公司舰队，从此控制海路，收取各国商船泊靠费用，郑芝龙也因此迅速富可倾国，俨然成为海上霸主。对缴保护费给他的商船（一艘大船需缴三千两银钱），给予郑家的令旗；拒不缴费而想经过他控制海域的，就难逃被劫的命运。郑芝龙如此强横，使荷兰东印度公司营运不宁，荷兰人数度联合其他势力合取郑芝龙，但郑芝龙毫不畏惧，并将荷兰人次次打败。至此，郑芝龙的通商范围广及东洋、南洋各地；

▲ [与郑芝龙海战的荷兰大炮]

◀ [明荷海战]

郑芝龙与荷兰人的海战发生于当时的泉州府金门岛南部的料罗湾，被称为明荷海战或料罗湾海战，明朝水师以郑芝龙为前锋击败荷兰东印度公司和刘香海盗联军，这也是中国人第一次在海上大败西方海军的战役。

兵力包括汉人、日本人、朝鲜人、非洲黑人等各色人种高达二十万，拥有超过三千艘大、小船的船队，成为华东与华南海洋世界的唯一强权。

郑芝龙政治生涯的顶峰

崇祯八年（1635 年）五月，郑芝龙应明朝廷要求，率军讨伐昔日结拜的契兄弟，也是海盗中仅存的最大股力量刘香，于虎门大获全胜，名震福建，并官至都督。不久福建省内发生旱灾，郑芝龙提议载饥民移民台湾，并给予移民十分优惠的资助条件，有人认为其开创了大规模移民台湾之先河。

崇祯十七年（1644 年），南明弘光皇帝册封郑芝龙为南安伯，福建总镇，负责福建全省的抗清军务。

弘光元年（1645 年），郑芝龙、郑鸿逵兄弟在福州奉明唐王朱聿键为帝，年号隆武，郑芝龙被册封为南安侯，负责南明所有军事事务，一时间权倾朝野，短短的几个月时光是郑芝龙政治生涯的顶峰。

郑芝龙被杀

清兵入关南下后，郑芝龙于 1646 年降清，并被软禁在北京；清朝利用郑芝龙多次招降其子郑成功不成，遂于 1655 年将其下狱，并于 1661 年 11 月 24 日将其处死。

失之东隅，收之桑榆

综观郑芝龙的一生，从海盗起家，降明后，拥兵自重，苟且营私，对隆武政权，始拥之，终弃之，以后又不顾家人部将的劝告投降清廷，在政治品德方面颇为人们所不齿。不过，他在长期的海盗活动中，客观上为开发台湾和抗击荷兰殖民者建立了不朽的功绩，真可谓“有心栽花花不开，无心插柳柳成荫”。

香港海盗

张保仔

张保仔，原名张保，广东新会县江门镇水南乡人，是1810年以前广东沿海著名海盗、华南海盗、之后投诚成为清朝水军军官。到现在仍为人所熟悉的香港历史人物。

嘉庆皇帝赐婚，准予张保仔、郑一嫂结为合法夫妻

▲ [张保仔和郑一嫂画像]

张保仔之后做官，帮助朝廷相继镇压从前的海盗盟友，在广东沿海活动10余年的海盗基本上被肃清了。郑一嫂也继续辅佐他，而且在38岁高龄给张保仔生了一个儿子。

成为红旗帮的首领

张保仔出生于渔民家庭。15岁那年，他随父出海捕鱼，被海盗红旗帮郑一掳去，从此上了贼船。郑一赏识其手脚灵活，嘴巴乖巧，令其跟随左右，呼作保仔。不久，收为义子，升为头目。

嘉庆十二年（1807年）十月十七日，郑一在一场台风中被吹落海溺死。其妻子石氏，人称郑一嫂，便成为红旗帮的首领。寡妇石氏与张保仔以母子相称，而又经常独处一屋，日久生情，久之红旗帮变成张保仔为首领。

小头目把张保仔奉若神明

张保仔其人非常迷信，每每遇到形势不利，部属思想动摇，或决断重大事情的时候，张保仔往往会借助迷信手法：先把自己的主张告诉道士，然后在“神楼船”召开大小头目会议，经过一番议论之后，再由道士进行求神问卜，最后将张保仔的意见当作神的意旨，使部属深信不疑，言听计从。由于行动计划安排得巧妙周密，因而往往能取得预期效果。大小头目更把张保仔奉若神明，投

靠他的人也不断增加，其势力越来越大，逐渐成为最大的海盗帮派。张保仔经常活动于清政府势力偏远的南洋海域，烧杀掳掠沿海村落，抢劫来往商船货物，勒索通行费，然后购买了大量火器船备，扩张势力。在全盛时期他拥有部属7万多人，大小船1000多艘。大船装有大炮，备有不少短刀、长矛等，小船装有旋转炮。

张保仔的劫掠对象以过往的官船、洋船为主，清政府多次派兵剿灭，均遭失败。

嘉庆十四年（1809年），张百龄出任两广总督，对于海盗一反过去的武力镇压，而是采用断绝粮食，杜绝接济，禁船出海的办法，使得张保仔在海洋上无所劫掠，出现困境。于是他谋入内河，假冒官兵，乘人不备，猝然抢夺。当官兵登陆采购时，乡人又疑为盗贼，群起而攻，情况非常混乱。是年五月，张保仔率领船队，企图劫掠新会县外海、潮连两乡，署县沈宝善亲到江门抵御，两乡大炮林立，严阵以待。张保仔望而却步，托言“不怕潮连人，但怕潮连神”，便转头去劫牛渚湾复兴墟，沿途与官兵血战。

六月，张保仔率众由崖门经银洲湖，入开平长沙劫掠，烧铺200余间。其时，香山（中山）、东莞、南海、番禺、顺德等县均受其害。十一月，张保仔在香港赤沥角、大屿山被广东水师和澳门葡萄牙海军联合围攻。在此期间，张保仔曾求救于黑旗帮首领郭婆带，因郭与张素有矛盾，

在西方人眼里，郑一嫂是全世界数一数二的大海盗，每一个梳理“十大历史上最著名的海盗”、“七大史上最凶残的海盗”的榜单，都不会漏掉她，她被尊称为“郑夫人”。

▲ ［张百龄画像］

张百龄，字子颐，号菊溪，谥曰“文敏”，隆化县张三营人，乾隆三十七年进士，从清朝乾隆年间至嘉庆年间，曾为官43年，勤政爱民，功绩卓著，历任兵部尚书（坐衔）、刑部尚书、左都御史、都统、巡抚、协办大学士等要职。

相传张保仔曾扼守琼州海峡，专门袭击清廷官船和外国侵略者的商船，截获了大量金银珠宝。大批财宝被张保仔藏匿在海盗大本营——上川岛各处，并留下了记有藏宝诗的手抄本。由于手抄本失传已久，大批的财宝下落不明，它们仍旧被深埋地下，等候着有缘人的发现。

香港长洲、南丫岛等地，也有张保仔藏宝洞之说，至今仍是好事者的探秘之处。

遂坐视不理，张保仔只好乘着风势突围而逃，事后，郭婆带怕他寻仇，遂于十二月向清政府投诚，受封为“把总”。

张保仔投诚

此后，张保仔和郑一嫂受到郭婆带投诚受封的影响，感到形势对他们不利，亦认识到做海盗终非良策，于是渐萌投诚之意。当澳门医生周飞鸿（周与张保仔原有深交）受两广总督张百龄之命对其劝降时，张保仔当即表示愿意投诚。

嘉庆十五年（1810 年）四月，张百龄到香山县芙蓉沙接受张保仔投诚，并授“守备’之职，戴红顶花翎。张保仔向清政府交出船 270 多艘，大炮 1200 门，刀、矛等兵器 7000 多件，部众 16 000 多人，同时自己更名张宝。不久，随官兵出海缉捕海盗，擒获蓝旗帮首领乌石二（即麦有金），首立战功。这时张保仔与石氏正式结为夫妻。

屡立战功，得到朝廷赏识

张保仔当了清朝水师官员后，因是海盗出身，时常受到同僚的嘲讽、为难。但他积极剿灭海盗，屡立战功，得到朝廷赏识，多次升迁。嘉庆二十四年，擢升为福建闽安副将，委任到澎湖驻守，石氏被诰封为命妇。

嘉庆二十五年（1820 年）二月，监察御史林则徐向朝廷上奏，提出“勿忘台湾郑氏”，意见被朝廷采纳，从此，张保仔再没有升职，以副将终身。

道光二年（1822 年），张保仔病死于任上。两年后，石氏携子回南海县定居。道光二十五年（1845 年）五月，石氏的命妇衔被朝廷追夺回去而成为平民。

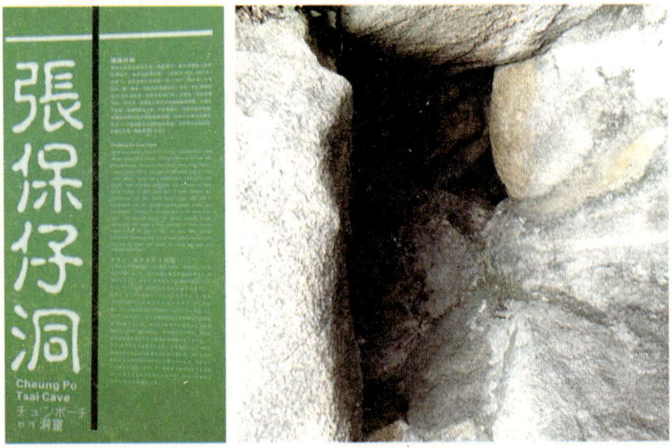

[张保仔洞旅游景点]

张保仔洞的洞口约 10 尺长，非常昏暗、狭窄，但现已加设了钢梯，以方便游客进出洞穴。

世界十大海盗中唯一的中国海盗

郑一嫂

郑一嫂是电影《加勒比海盗》中的中国老太太原型，是世界范围内中国海盗王的代表，被列为世界最著名的十大海盗之一，也是一个被西方世界所熟知的中国传奇海盗。

郑一嫂生于 1775 年，原姓石，乳名香姑，也被人称为郑石氏，其娘家和夫家均为海盗世家，她的丈夫郑一是珠江口红旗帮首领，而且胸怀大志，一直致力于将珠江口的各股海盗势力统一为以他为盟主的六旗联盟，而郑一嫂堪称贤内助，自始至终参与其事，海盗们尊称她为“龙嫂”。1807 年六旗联盟成立不久，郑一于一场强台风中坠海身亡，郑一嫂继承了他的事业。

▲［郑一嫂画像］

19 世纪初西方报刊上通缉的郑一嫂画。

明末珠江口就有著名的郑、石、马、徐四姓海盗横行，康熙收复台湾后，郑家部分残兵流向珠江口为盗，珠江口海盗逐渐由原来的四姓演变为红、黄、蓝、白、黑、紫六旗帮。

颁布了非常严厉的法令

郑一死后，郑一嫂成为了红旗帮的首领，但是她的地位并不稳固，于是她通过加强船队的组织纪律性来树立权威。为此，她颁布了一些非常严厉的规定。如凡胆敢擅自专权或是违背上级命令者，立斩不赦；任何窃取公共财物或是在乡民中盗窃者，也以死罪论处；任何人不得私自藏匿未经交验的战利品。其他犯规者也会受到严惩，如开小差或是未经许可擅自缺到者，将受到割耳之刑，而后便在本股弟兄面前示众；如强奸妇女者，将被处死；如男女私通者，男的斩首，女的腿绑重物沉入大海。

在郑一嫂领导红旗帮期间，有一个

人不得不提，他就是郑一的义子张保仔。张保仔出身渔民家庭，15岁那年在一次随父出海时被郑一掳走，后来郑一赏识他精明能干、嘴巴乖巧，就收为义子。郑一死后，精明能干的张保仔帮助郑一嫂迅速掌握了红旗帮并维持了六旗联盟，两人也日久生情。

善于借鉴先进技术

红旗帮在郑一嫂、张保仔的经营下，全盛时有船只五六百艘，海盗三四万人，他们以香港大屿山为基地，在香港岛有营盘和造船工厂。郑一嫂的队伍不仅纪律严明，而且也很善于借鉴西方的先进技术，红旗帮使用的武器大多是千方百计弄到手的洋货。有一次，跟英国战船交火后，郑一嫂认真观察对手遗留的弹头，发现英国人发射的是最新研制的24磅炮弹，几个月后，她的船队便装备了这种新式大炮。

▲［郑一嫂装配新式大炮的船］

有一位名叫格拉斯普尔的英国富商曾被红旗帮绑架，从而耳闻目睹了红旗帮海盗的日常生活等，在被赎回并返回英国后，他写了一本回忆录，将郑一嫂的事迹公之于众，引起了西方社会对郑一嫂的强烈关注，并将她誉为东方海盗王。

郑一嫂和张保仔所领导的红旗帮装备之精良跟大清水师相比都不相上下，因此不仅屡败官军，甚至取得了重创葡澳舰队（其中有美国雇佣兵）且把澳门围困得几近断粮的辉煌战绩。面对英国舰船在中国的水域内横冲直闯，郑一嫂还在1809年痛击了广州内河的英国船只，俘获一艘英舰，斩杀数十名英国士兵，令英军震惊。

在清政府针对红旗帮的围剿时期，红旗帮在郑一嫂、张保仔的指挥下，连续打败了前来围剿的官军，战果辉煌。在浙江海面，他们打死了浙江水师提督徐廷雄；在香港大屿湾，灭掉了清水师战船二十多艘，生擒广东水师提督孙全谋；他们还进逼广州，打死虎门总兵林国良，迫使两广总督频频换人。

在这期间，澳门葡萄牙人曾会同清朝水师，组成中葡联军，合围红旗帮，一度将红旗帮的主力船队封锁在大屿山，历时八日。但红旗帮如有神助，张保仔算准风向与潮汐，与郑一嫂一起集结大船三百只、火炮一千五百多门、部卒两万，突然发作，海面炮矢横飞，无人敢撄其锋，于是扬长而去。

招安并与养子成婚

后来，六旗联盟因为郑一嫂不肯改嫁给黑旗帮老大郭婆带而导致分裂。清政府趁机采取“怀柔政策”，黑旗帮作为六旗联盟的第二大帮投降了，大大削减了郑一嫂和张保仔的力量。迫不得已之下，红旗帮也开始寻思着接受招安。当时一个叫周飞鸿的澳门医生与张保仔很有交情，他受两广总督张百龄之托劝红旗帮投降，郑一嫂和张保仔也颇为意动。

清朝的招安条件虽说很宽，但有一条是不能免的，就是招安时海盗们须下跪。红旗帮海盗一向看不起清军，让他们向昔日的手下败将下跪，他们很难接受。双方陷入僵局。

关键时刻显出了郑一嫂的巾帼豪气，她决定亲自前往广州，直接与两广总督张百龄谈判，而且不带任何武器。1809年4月17日，郑一嫂不顾众人的反对，带了一个由17名妇女儿童组成的代表团亲赴广州面见总督。在谈判中，郑一嫂坚持应该保留一队帆船，不过目的不是用于打仗，而是用于“食盐贩卖”。对于张百龄的所有其他提议，她一概漠然处之，直到最后张百龄屈服于她的要求为止。

当然，作为一个精明的谈判者，她也适当做出了让步，同意张百龄提出的方案：由皇帝赐婚，准予张保仔、郑一嫂结为合法夫妻，郑一嫂、张保仔跪拜谢恩，这也算跪拜接受招安了。

招安后，张保仔封三品官，后来升为二品官，授郑一嫂诰命夫人。郑一嫂还在38岁高龄时为张保仔生了一个儿子。道光二年（1822年），张保仔病死于任上后，郑一嫂带着儿子回了南海县定居，在鸦片战争期间，郑一嫂还积极为林则徐出谋划策，抗击英军。道光二十五年（1845年）五月，郑一嫂的命妇衔被朝廷追回而成为平民。

▲［1836年的《全球海盗史》中收有一帧罕见的“抢掠中的郑一嫂”］

阿根廷文学家博尔赫斯在阅读了一本1932年的书—《海盗的历史》后，痴迷于郑一嫂的故事，写下了短篇小说《女海盗郑寡妇》。

五峰船主

王直

王直（1501—1559 年），号五峰船主，是明代著名的海商和海盗头子，也是火枪传入日本事件中的关键人物。

王直是明朝南直隶徽州府歙县人，他小时候很聪明，但是不爱读书，反而对做生意非常感兴趣。他为人很仗义，青年时期结交了很多朋友，在经商的过程中得知海外的日本和东南亚各国急需中国的商品后，他决定下海做海上贸易。但是这个时期的明朝政府，实行的是“海禁政策”，“片板不得入海”，想做海上贸易只能靠走私，他也因此沦为了海盗。

▲［王直像］

1540 年王直抵达日本的五岛群岛中的福江岛，受到当地大名宇久盛定的热烈欢迎。当时五岛群岛的名称为“值贺岛”，王直在海上看到五个山峰，故自号“五峰”，日本人也受到他的影响，将值贺岛的名称改成五岛。

铁炮传入日本

嘉靖十九年（1540 年），趁明朝海禁政策松缓之时，王直和老乡徐惟学与福建漳州人叶宗满、谢和、方武一同赴广东进行海外贸易，“置硝黄丝棉等违禁货物，抵日本、暹罗、西洋诸国往来贸易”。

1542 年，从事海商贸易有几个年头的王直接受了日本战国大名松浦隆信的邀约，以九州外海属于肥前国的平户岛（属今长崎县）及日本萨摩国的松浦津为基地，从事海上贸易。

1543 年 8 月份，王直带着几名葡萄牙商人来到了日本，葡萄牙人此行带来关于王直，官方的《明史·日本传》里“嘉靖倭乱”几乎一半全是他的记录，民间的图编、考源、倭纂、纪略、文集、方志、小说更是浩如烟海。人们一直试图从茫茫史料中找出一个真实的王直，但最后还是流于平面化，甚至连他的姓都模糊不清，汪直还是王直？

了火枪，他们称之为“铁炮”，并且亲自示范了铁炮，日本人见其威力不小，杀伤力很大，所以就购买了一些，这就是日本著名的“铁炮传入”事件，这次事件使日本开始了冷兵器向热兵器的过渡，客观上也加快了日本战国的统一。

势力大涨

1545 年，王直带着手下的千余人加入了许栋的海盗集团，许栋和他是老乡，他长期盘踞在双屿岛，是当时最强大的海盗团伙之一。王直加入许栋集团后，先是做库管，然后成为管哨，逐渐进入核心圈。

1548 年，明朝著名抗倭将领朱纨率领几百艘船进攻双屿岛，海盗不敌，双屿港被摧毁，许栋和其他头目大多被杀，王直凭借出色的领导才能成为了新的首领，他重组了海盗集团，继续进行亦商亦盗的活动。他对朝廷一直有很大的期望，希望朝廷能够开放海禁，允许海上贸易。在地方官员默许“私市”的暗示下，他主动配合官府，于 1552 年平定了陈思盼等多股烧杀掠夺的海盗，维持了沿海秩序，逐渐确立了自己“海上霸主”的地位，并试图在舟山沥港重建双屿港的繁华。王直部下分为几大船团，代表性的船团长有浙江人毛海峰、徐元亮，安徽人徐惟学、福建人叶宗满。当时王直的部下甚至可以堂堂正正地出现在苏州、杭州等地的大街上与百姓进行买卖，百姓则争相把子女送到王直的船队中。但是他的这些部下良莠不齐，有老实做海

▲ [佛渡岛 – 宁波博物馆]

浙江舟山佛渡岛，是 16 世纪远东与西方贸易的重要港口，也是明朝海盗集团王直等人的根据地。

上贸易的，也有专门做海盗，烧杀掳掠无恶不作的，王直并不能完全约束他们。

嘉靖三十二年（1553年）三月的一个深夜，俞大猷率官军偷袭沥港围歼王直，王直与明军短暂对抗后，败走日本。此后王直长期以松浦为据点，自称徽王。

被胡宗宪招降

嘉靖三十三年（1554年）四月，胡宗宪受命出任浙江巡按监察御史，官至兵部左侍郎兼都察院左佥都御史，总督南直隶、浙、福等处军务，负责东南沿海的抗倭重任。为招降王直，胡宗宪先将王直的老母妻儿放出监狱，优裕供养，后遣使蒋州和陈可愿至日本与王直养子王激（毛海峰）交涉，遂见王直，晓之以理，动之以情。当得知亲人无恙，王直不禁喜极而泣，并向来使诉苦："我本非为乱，因俞总兵图我，拘我家属，遂绝归路。"而对于通商互市的承诺，他更加无法抗拒。王直表示愿意听从命令。王直将蒋洲留在日本，为表示诚意，他命毛海峰护送陈可愿回国面见胡宗宪，具体商量招抚和通商互市事宜。胡宗宪厚抚毛海峰，使王直消除了疑虑。

"死吾一人，恐苦两浙百姓"

嘉靖三十七年（1558年）二月五日，王直在杭州西湖游玩期间被王本固诱捕，下狱时连声追问："吾何罪？吾何罪？"他向皇帝恳请："如皇上仁慈恩宥，赦臣之罪，得效犬马微劳驰驱，浙江定海外长涂等港，仍如广中事例，通关纳税，又使不失贡期。"也就是说，把广东允许开放通商口岸，设立海关收取关税的做法，推广到浙江沿海，并且恢复日本的朝贡贸易关系，那么，东南沿海的所谓"倭患"就可以得到解决。

2000年，日本长崎县福江市的12名日本人在王直原籍安徽省黄山市歙县捐资修建了王直墓。王直墓引起了网络和舆论对王直的功过是非的激烈争论。

▲［浙江海盗村］

嘉靖三十八年（1559年）十二月二十五日王直被斩首于浙江省杭州府宫港口，临刑前他见了儿子最后一面，子抱持而泣，王直拿一根髻金簪授其子叹曰："不意典刑兹土！"伸颈受刃，至死不求饶。王直死前所说的"死吾一人，恐苦两浙百姓"一语成谶，很快"新倭复大至"。闽广遂成倭患的重灾区。

国际“倒爷”

林道乾

林道乾，又名林悟梁，年轻的时候做过潮州小吏，因为走私贸易被通缉，投靠了海盗集团，后来自立山头，成为当时广东和福建一带最大的海盗头子，而且在南洋一带闯下了偌大的名头。

▲［林道乾雕像］

林道乾是明朝著名的海盗头子，生于广东省澄海县（潮州人）苏湾都南湾村（今属湾头镇），在年轻的时候做过潮州官府的一个吏员，他非常机灵而且有智谋，不过不太安分。由于明朝实行海禁政策，沿海地区一些商人为了利益常冒险出海进行走私活动，林道乾也参与了其中，事情败露后就逃走当了海盗。

进攻诏安

林道乾当了海盗后，在澄海县南湾一带聚拢人马，当时他的手下不过百来人，不过他通过建造海船、走私贸易慢慢壮大了队伍，特别是王直被朝廷诱杀后，他收编了王直的一部分手下，势力大增。嘉靖四十二年（1563 年）三月，林道乾率领 50 余艘船从广东汕头的南澳岛北上攻打福建漳州的诏安县南村土围和厩下村土围，他在这里烧杀掳掠，获得了大量钱财，但是他也遭到了明代抗倭名将俞大猷的迎击，林道乾不敌，兵败后退到了台湾。

在打狗山流传的故事

林道乾来到台湾后，在官方记载中还留下了

▲［程洋岗村］

林厝园，是澄海古村程洋岗内的一个小小村落。村民不过两三百人，多姓蔡。日常生活安静平和，波澜不兴。走在村里，依稀可见古时的遗迹，却很难让人想到，这里曾经和纵横南洋、博弈数国的“巨盗”林道乾有关。

“膏血造舟”的恶魔形象，康熙三十三年的《台湾府志沿革》记载说：“道乾以台无人居，非久居所，恣杀土番，取膏血造舟，从安平二鲲身，隙门遁占城。”意思是林道乾对台湾这个地方并不看好，觉得不是久居之所，所以在这里恣意妄为，大肆屠杀当地居民，并用其膏血造船，这种行为让人匪夷所思，可能只是对林道乾海盗行为的艺术加工。在台湾还有林道乾在打狗山上埋下金银财宝的传说。

有专家考证，林道乾在大泥港任职期间，其妹也做出了不小的贡献，那里的华侨流行林姑娘祭拜，此林姑娘并非妈祖，而是林道乾的妹妹。

招安又复叛

林道乾在台湾并没有停留多久，之后又回到了潮州附近海域打游击，而此在现代版的《澄海县志》中，已经不再称林道乾是“贼”了，而说他是“明时海上武装力量首领，也是明代拓殖南洋的著名人物”。

时隆庆帝已经继位，宣布开放海上贸易，即历史上著名的“隆庆开关”。隆庆元年（1567年），林道乾率领部下先后两次攻打澄海县溪东寨，第一次被击退，第二次攻克并占据了溪东寨，他在这里大肆掳掠并杀死了不少人。这时候的朝廷采用“以盗制盗”的策略来打击海盗，所以在横海将军郭成常、潮阳知县陈王道的建议下，朝廷决定招降林道乾，想让他去对付另一股更为强大的海盗曾一本，1570年，林道乾接受了朝廷的招安，他的队伍建制被完整保留下来并被安置在潮阳县的招收部下尾村，而且“得食膏腴田千余亩”，他在被招安后也讨伐了一些小股的海盗，但是他一边讨伐海盗壮大实力，一边又进行走私活动，引起了明政府的不满，当时两广总督殷正茂想伺机消灭林道乾，但被林道乾察觉，他没等殷正茂发兵就逃出了潮州，于1573年南下到达了柬埔寨。

南洋立足

林道乾到达柬埔寨后，在这里结识了澄海同乡杨四，杨四在当地有一定的势力，在他的撮合下，林道乾向柬埔寨国王进献了很多金银和上等的棉帛，他也被柬埔寨国王任命为“把水使”。后来明朝官员探听到林道乾在这里的行踪，要求暹罗、安南两地出兵捉拿林道乾及其同党，但此时的林道乾又回到了潮州，在潮州招募了一批手下后，他带着手下和财物直奔暹罗，而且伙同杨四请柬埔寨国王发兵千余人、舰船几十艘攻打派兵捉拿自己的暹罗，不过没有取得成功。在这期间，为了躲避官府的围剿，他还改名为林悟梁，专门在暹罗附近海面劫持商贾船只，并且还准备伙同渤泥国攻打暹罗，暹罗国王无奈之下只好同他讲和，双方还立下盟约，暹罗保证林道乾不被明军抓走。

结局扑朔迷离

据《万历武功录》记载林道乾最后不知所踪，也有记载说林道乾死于内讧，其手下谎称他自制土炮被炸身亡。而在泰国保存的《北大年年志》记载，林道乾和暹罗国王歃血为盟后来到了北大年定居，他率领部下开垦荒地并在海岸地区兴建港口，即北大年港，也即后世的“道乾港”。林道乾在这里和当地居民和睦相处，带领部下兴建了各种设施，被当地人尊称为“客长”。

林姑娘庙

传说在北大年地区有个马来王国，林道乾率领部下攻打时，被国王女儿的美貌吸引，遂以传禅为条件入赘了，后来他的妹妹林姑娘也率精兵赶来了，要捉她哥哥回去，林道乾却乐不思蜀不想回去了。于是林姑娘便和马来人打起来了，想消灭马来人以挽回哥哥的心。谁知她屡战屡败，兵败殆尽，她便羞愤交集，自缢在一棵猴枣树上，她部下有五员虎将，也一起自缢在大树上尽忠。林道乾追悔不及，便将猴枣树干雕成妹妹之像，以为纪念(至今林姑娘庙中所祀神像，就是他当年所刻)。林姑娘这种万里寻兄的伦理深情和横死悲剧，使人感动。自那以后，北大年的华人及各族善男信女，怀着崇敬的心情纷纷到林姑娘的墓地朝拜祭祀，把她奉为神明。后来，还为她修建了一座堂皇的“林姑娘庙”，几百年来，香火不断。当地的《大泥府志》中也有类似记载。当然故事不可信，但故事的流传也可见林道乾在当地的影响。

[林氏兄妹祠]

每年元宵节，泰南各族人民都要举行一年一度的林姑娘庆诞盛会，“林姑娘庙”所在的那条街，灯火辉煌，车水马龙，挤满了来自曼谷、新马及附近的游客。

在泰国北大年府举行的“林姑娘节”盛会上，当地群众争相触摸“林姑娘”雕像，据说手指碰到“林姑娘”可带给人们一年好运。“林姑娘节”是北大年府每年庆祝的节日。

第一个攻击西方殖民地的中国海盗

林凤

林凤是明朝时期较为出名的海盗，他曾率领手下进攻盘踞在马尼拉的西班牙殖民者，虽然最终以失败告终，但他敢于进行殖民冒险的行为还是被历史铭记。

▲［林凤］

肆掠地方

林凤又名林阿凤，出生于现广东省潮州市饶平县，在他 19 岁时加入了泰老翁的海盗船队，主要活动在福建和广州附近海域，并凭借才能很快晋升到领导阶层，在泰老翁去世后，他继承了泰老翁的事业，又陆续收编了一些小股海盗队伍，很快就成为海上数一数二的大势力，最盛时他拥有 300 余艘船只，手下的人员达到了 4 万名以上。

隆庆元年（1567 年），林凤攻占了广东揭阳市惠来县的神泉港，这是历史上重要的对外贸易通商港口，林凤占领这里后，开始大力开展贸易，从中获取了大量的利润。1573 年 12 月，林凤从汕头南澳港的浅澳出发攻打汕头的澄海，大获全胜。1574 年野心勃勃的林凤陆续攻击潮州和惠来县并都取得了胜利。同年 4 月他攻破清澜（现海南省文昌县），但是 6 月份他在广东被官军打败，不得不退回到福建一带，同年 10 月他又被胡守仁击败，被迫转移到了台湾的基隆，并在此安营扎寨。

攻击马尼拉

林凤在基隆整顿队伍期间，碰巧抓获了几艘从马尼拉返航的中国商船，船上载满了菲律宾商品、黄金和西班牙银元。而且他还从船员口中得到一个情报：菲律宾被西班牙人占领了，并且马尼拉城内防守空虚。这个消息让林凤眼前一亮，他决定带上所有人向马尼拉前进。

万历二年（1574 年）冬天，林凤率领 60 余艘船，水陆两军 4000 余人，还

胡守仁，字子安，号近塘。明代抗倭名将，戚继光麾下重要将领之一。籍贯句容。永乐年间，胡氏先祖胡得海随明成祖起兵靖难，官至振武卫前所百户。嘉靖四十二年（1563 年），二十岁的胡守仁袭祖职骁骑右卫指挥佥事，后历升把总、守备、都司掌印、参将、副总兵、总兵等职。

菲律宾历史上有个很出名的海盗，叫李马奔，据说是祖籍福建的华人。这名字很怪，不像中国人的名字，查遍福建地方志，也找不到这么个人。大约 20 世纪 40 年代，有位学者在《燕京学报》上发表文章，指出此人叫林阿凤。

[吕宋岛]
吕宋岛位于菲律宾群岛的北部，它是菲律宾面积最大、人口最多、经济最发达的岛屿。西班牙统治菲律宾时期，有的华人称吕宋岛为“小吕宋”，称整个菲律宾为大吕宋。

有 1500 余名妇女向马尼拉进发。船队在航行途中遇到了一艘西班牙人的小船，林凤下令抢夺这艘小船，但被当地驻守的西班牙军官看见，并且军官派土著向马尼拉报信。林凤派人截获了报信的土著人，但是驻守的军官跑掉了。在快接近马尼拉的时候，林凤决定派出一支先行队偷袭马尼拉，他挑选了 600 多名精锐准备夜袭马尼拉。先行队急速前进，很快到达了吕宋边界，当时天色已晚，正是偷袭的好时机，但不巧的是，海上天气突变，狂风大作，巨浪滔天，先行队的一艘船被海浪掀翻，船上 200 余人被卷进大海。

先行队很快上岸并点燃了马尼拉岛上的房屋，但是他们进攻马尼拉城堡的行动遭受了挫折，先行队 400 余人连续几次进攻都被 100 多名西班牙人挡住了，西班牙人伤亡甚微，而林凤的队伍却损失了 200 多人，其手下锐气已失，这使他不得不放弃了进攻马尼拉的打算。

至今，菲律宾仍有伊哥罗德支那人种，据说便是追随林凤未走的中国人留下的苗裔。

[红头船]
船头油刷朱红色，清代潮州（今潮汕地区）从事远洋贸易的商船，红头船是从潮汕开始起航驶向世界的，是广东潮汕的一个重要的象征。

建国称王

林凤在进攻马尼拉失败后并没有气馁，他带领手下退到了玳瑁港，并在班诗兰建立了一个城寨，还建造了一个防御塔，依靠陡峭的山势设立了很多炮台，准备和西班牙人对抗，他在这里被拥立为王，并且和当地土著相处融洽。林凤的所作所为损害了西班牙人的利益，1575 年 3 月，西班牙驻菲律宾总督比撒里联合明朝潮州的总领王望高对林凤进行了围剿，林凤不敌后逃走。相传他回到了台湾，并以魍港为中心，劫持过往船只，后来他又去了福建，并在福建海域被官兵击败，林凤只身逃往外洋，后来不知所踪。

中国开拓台湾第一人

颜思齐

颜思齐，字振泉，漳州海澄县人，被尊称为“开台王”、“第一位开拓台湾的先锋”。

颜思齐是明朝末年海澄县青礁村人，他生性豪爽，仗义疏财，身材魁梧，并精通武艺。但是有一天，好打抱不平的颜思齐因为杀了官宦人家的仆人而被追杀，为了避祸，他躲进一艘货轮的船舱里，偷渡出海远逃日本。

日本平户当局任命他为甲螺

颜思齐一路逃到了日本平户当了一名小裁缝，但他很快就在日本站住了脚，一来二去，三教九流中都有了他的朋友。除了裁缝外，颜思齐也很快有了“第二职业”：加入日本平户的海商团伙，做海盗。期间，颜思齐与经常到长崎贸易的泉州晋江船主杨天生交好，结识了一批流寓日本、从事海外贸易的闽南志士。由于他广结豪杰，闻名遐迩，日本平户当局任命他为甲螺，也就是倭寇中的头目。

▲ [颜思齐画像]

明朝末年，颜思齐率领郑成功父亲郑芝龙等一群闽南健儿，纵横台湾海峡，拓展海上贸易，征召大陆移民，拓垦荒山野岭，受到后人世代敬仰与缅怀。

德川幕府又称江户幕府。1603 年由征夷大将军德川家康在日本江户（今东京）所建。至 1867 年德川庆喜被迫宣布还政明治天皇为止（即大政奉还），共经十五代征夷大将军，历时 265 年，是最强盛也是最后的武家政治组织。1853 年，美国东印度舰队司令官马休·佩里率军抵达日本，逼迫幕府签订一系列不平等条约，最终引发倒幕运动。1868 年德川幕府彻底垮台。

密谋起事造反

明天启四年（1624 年），颜思齐等因不满日本德川幕府的统治，密谋起事造反，参与日本人民的反抗斗争。农历六月十五日，颜思齐与杨天生、陈衷纪、郑芝龙等二十八人拜盟为兄弟，众人推

▲［颜思齐纪念碑］

民国著名史学家连横在《台湾通史》中对颜思齐有很高的评价："西人有言，中国人无冒险进取之心。乌乎！如思齐者，岂非非常不羁之士哉？成则王而败则寇，固犹不失为男子。"

举颜思齐为盟主，准备一举推翻德川幕府，建立日本历史上第一个华人政权。不幸事泄，幕府遣兵搜捕，颜思齐率众仓皇分乘十三艘船出逃，二十八个弟兄经过浴血奋战，总算逃出了平户，乘船来到了日本九州岛。

八月二十三日，颜思齐率船队抵达台湾，在笨港（今台湾北港）靠岸。

颜思齐到达台湾后，广招流民开垦土地。他将垦民分成十寨，发给银两和耕牛、农具等，开始了台湾最早的大规模拓垦活动。垦荒需要资金投入，颜思齐挑选了一批有航海经验的漳、泉人士，以原有的十三艘大船，利用海上交通之便，开展和大陆的海上贸易；同时组织海上捕鱼和岛上捕猎，发展山海经济，以解决移民生产和生活的物质需要，"开台王"的名称由此而来。

今壮志未遂，中道夭折，公等其继起

天启五年（1625年）九月，颜思齐和部众到诸罗山捕猎，豪饮暴食，不幸染上伤寒病。数日后一病不起，英年早逝，年仅三十七岁。临终时，他说出了那个埋藏在他心中许久的理想："本期创建功业，扬中国声名。今壮志未遂，中道夭折，公等其继起。"颜思齐死后，众人推举郑芝龙为盟主，继续拓垦大业。

颜思齐短暂而传奇的一生，对于台湾的历史而言，仿佛一颗转瞬即逝的流星，然而他的光芒，却照亮了整个台湾岛的未来。他的开台业绩，受到后人世代缅怀。从那时起，台湾大规模的移民高潮终于到来了。每年都有大批的百姓跨越海疆，进入台湾岛，在岛上屯垦耕种、繁衍生息。

金云翘传

徐海

徐海是明朝嘉靖年间著名的倭寇首领之一，他极有才能，而且精于海战，娶江南名妓王翠翘为妻，后来被胡宗宪诱降，并最终被困投水而亡，两人事迹被后人编为《金云翘传》。

被迫委身倭寇

徐海年少时在杭州虎跑寺做和尚，还有个法名叫“普净”，又称为“明山和尚”。后来被他叔叔徐乾学说动，远走日本投靠王直做起了生意。徐乾学原是王直的合伙人，王直的买卖做大后，他有些不甘心就出来单干，然而他的本钱不够，而是就向倭寇借了一笔钱，但是他的运气不太好，他的船队经常遇到风暴和明军，好几次血本无归，倭寇催款，无奈之下他就把侄子徐海抵押在倭寇那里。徐乾学后来还因为债务纠纷丢了性命，徐海被迫加入了倭寇才保住了一条命，从此走上了烧杀掳掠的海盗生涯。徐海这个人天分很高，极具组织才能，而且精于海战，所以他很快就脱颖而出，成为了一支有着数万人的海盗集团的首领，手下有陈东、麻叶等爪牙。

发挥军事才能

徐海的势力虽然强大了，但他依然是倭寇的棋子，但他也非常狡猾，每次带领倭寇进犯之前，他都会与对方签订合同，列明带多少人，去抢哪里，事后

▲［徐海剧照］

分红份额，等等，条款十分清晰。徐海曾与胡宗宪率领的明军在三里桥大战，双方共接战四场，前三场徐海故意退却，麻痹明军，最后一场徐海集中精锐发动反攻，明军大败，几乎全军覆没，游击将军宗礼战死。

被招降

三里桥大战后，胡宗宪意识到用武力剿灭徐海等倭寇难度太大，因而他听

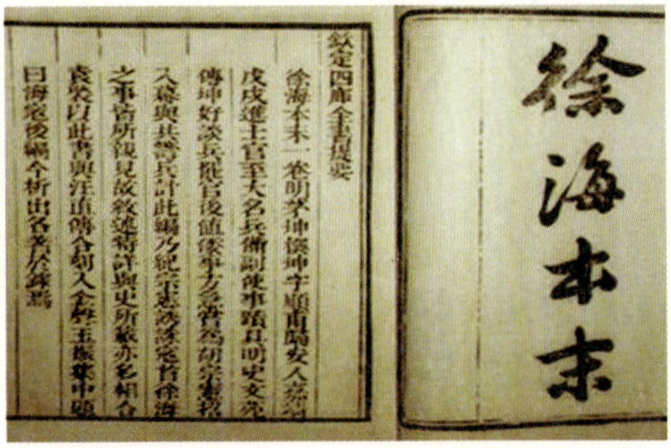

▲ [徐海本末]
关于王翠翘、徐海和罗龙文的关系，众说纷纭。有人说徐海和罗龙文之间是认识的，有人说两个人没有什么联系。历史或许没有这么精彩，而小说却需要这些素材。

取了徐渭的建议，派出徐渭的学生罗龙文去招降徐海。罗龙文和徐海是歙县同乡，他在接近徐海后，按照胡宗宪的安排实行反间计，他先以重金珍宝取得了徐海的信任，然后又挑起陈东、麻叶和徐海之间的矛盾，使他们离心离德。胡宗宪也趁机派人给徐海送了一封劝降信，

▲ [王翠翘]
康熙年间，有人据此事写成一部长达二十四回的长篇通俗白话小说《金云翘传》，流传广泛。这个故事甚至流传到了日本和越南。越南有一部著名的古典长诗《金云翘传》就是讲述王翠翘的传奇故事，风靡一时。

徐海看了后也给胡宗宪回了一封信，他的回信言辞非常得体，这让胡宗宪很意外，而且也似乎找到了对付徐海的办法。

胡宗宪经过多方打听，探听到徐海有个老婆叫王翠翘，她原生于官宦人家，因父亲获罪，卖身救父，后流落青楼，是当时有名的金陵名妓，王翠翘的容貌和才情都称冠一时，当时到过金陵的士大夫都争相一睹芳容，徐海也慕名而去，两人一见如故，结为了夫妇。王翠翘才思敏捷，徐海军中的大小文书都由她过目书写，徐海对她非常敬重，军中的事务也多听她的意见。胡宗宪了解到这些情况后，如获至宝，认为王翠翘是招降徐海的关键人物。很快，胡宗宪送给了徐海大量财宝，表示善意，而且在这些物品中还夹杂许多女人专用的胭脂水粉、

▲ [一个崇武年间在福建海岸建造的堡垒大门（约1384年建造）]

珠宝首饰。他还派出一个老妇人私下对王翠翘说：“徐将军如果早上投诚归顺，晚上就是大官了，你受到朝廷赏赐的诰命，衣锦还乡，难道还不如在海上为寇吗？”王翠翘毕竟是个女人，相比海上颠沛流离的生活，她更渴望安居乐业。于是她力劝徐海归降，并且让徐海设计擒拿了陈东、麻叶等人交给胡宗宪发落。

嘉靖三十五年（1556年）八月，徐海入平湖城向胡宗宪请降，城中的官员和百姓听说徐海入城了，都吓得惊慌失措，唯有胡宗宪镇定自若，徐海归降后率领手下屯于平湖城外的沈庄。

投水而亡

徐海虽然名义上归顺了，但数千倭寇屯于城外，胡宗宪知道这是很大的隐患。他一边稳住徐海，一边加紧部署兵力，同时暗令已经投降的陈东率领手下攻击徐海部。毫无防备的徐海仓皇出逃，途中负伤。第二天，官军又将徐海团团围住，徐海大喊：“翠翘误我！”经过一场激战，徐海投水而亡，王翠翘被俘。徐海就这样被他以前的同伙陈东除掉了，但陈东也没有好下场，三个月后，他和麻叶一起被杀，三人的首级被送往京城，嘉靖大喜，亲自去太庙告祭祖先，以示庆贺。

▲ [被倭寇袭击 -14 世纪的油画]

传说王翠翘被俘后曾向胡宗宪请求埋葬徐海，胡宗宪不许；请求去做尼姑，还是不许，而是要将她许配给一个小兵。王翠翘对胡宗宪说道：“你诛杀归顺的人，你把天道放在什么地方了？” 不久之后的一天，她趁人不备，逃了出来，面对大海痛哭：“明山，我辜负了你呀！”遂写诗一首，投水而死。她的诗写道：

建旗海上独称尊，为妾投诚拜戟门。
十里英魂如不昧，与君烟月伴黄昏。

王翠翘和徐海的悲剧故事引起了人们的广泛同情，被写进了许多戏曲、小说中。

明朝东南倭乱，倭寇中有多少中国人？

印象中，说倭寇，多指日本人，官修《明史·日本传》里说：“大抵真倭十之三，从倭者十之七。”

《嘉靖实录》里也说：“盖江南海警，倭居十三，而中国叛逆居十七也。”

这是嘉靖时代关于“倭寇”的官方说法——倭人占十分之三，中国人占十分之七，倭人占主导地位。

香山贼

何亚八

何亚八，广东东莞南头人，是明嘉靖时期的一个海盗首领，他曾横行香山地区，攻占了香山中心城镇石岐，俞大猷将他称为“香山贼”。

▲［妈祖像］

妈祖信仰从产生至今，经历了一千多年，作为民间信仰，它延续之久，传播之广，影响之深，都是其他民间崇拜所不曾有过的。历代皇帝的崇拜和褒封，使妈祖由民间神提升为官方的航海保护神，而且神格越来越高，传播面越来越广。

何亚八是明嘉靖时期一名重要的海盗集团首领，主要活动在广东、福建沿海一带，嘉靖三十年（1551年），他伙同郑宗兴从佛大坭国（即大泥）纠合番船，到广东海域及沿海乡村劫掠，杀人无数，而且打伤官兵，其后逃往福建等地，收拢了数千手下，纠合王直、徐铨等人，肆掠浙江一带，沿途百姓深受其害。之后何亚八在广州被督行巡海副使汪柏委派的指挥王沛擒获，被“磔于市”。

作为海盗的何亚八烧杀掳掠，无恶不作，但是他又很信奉妈祖娘娘。据《天下郡国利病书》中记载，何亚八在袭击广州前曾到海南栅的妈祖庙烧香祭拜，他带上了两个男童来协助完成占卜仪式。当何亚八祷告时，却久久不见妈祖娘娘的任何答复，“亚八躬拜告祷，乃降书一死字。亚八大怒，断神首，并执二童子杀之，其党知其必败矣”。

由于占卜过程和结果过于荒诞，这一纪录很可能是后人为丑化何亚八而在其死后附加的，但他信奉妈祖娘娘的说法应是可靠的。

海贼大名

九鬼嘉隆

九鬼嘉隆（1542—1600 年），是九鬼定隆的次子，九鬼家族水军第八代当主。最初是伊势北田家麾下，后效力于织田信长，信长死后，作为水军大将效力于丰臣秀吉。

▲［九鬼嘉隆画像］

嘉隆出身于志摩国的小豪族家庭，从属于熊野水军。熊野水军又被称为八幡海贼。最盛时曾与九州的五岛、津坊等水军势力连番恶战，以争夺对外贸易的主导权。但到了嘉隆的时代，熊野水军已经衰弱了，势力不出熊野滩，只能依附于伊势国司北田氏而苟延残喘。

大名是在日本室町幕府、安土桃山时代、江户幕府时期，占据一国或数国的封建武装领主。

大名起源于名主一词，名主指有名字的田，即私人土地，大名指拥有大量土地的人。日本各个时代中大名的含义有所不同，不过都是统领大片领地的武装地主。总之，大名相当于春秋时代的诸侯。

与织田信长通好

九鬼嘉隆生于 1542 年，当时的志摩九鬼氏掌握了整个志摩国，本城在加茂岩仓地方的田城，但被驱散的志摩七岛从势力后来突袭了田城，九鬼方完败，田城陷落，嘉隆逃往朝熊岳。后来经过三年的准备嘉隆又杀了回来，九鬼党经过奋战重新夺回了田城，成为志摩九鬼氏的黑老大。没过多久，九鬼嘉隆等到了自己命运的转折点：在织田家部将泷川一益的介绍下，他与织田信长通好。随后于永禄十一年（1568 年）正式出仕织田家。第二年，也就是永禄十二年（1569 年），嘉隆的九鬼水军作为信长伊势征伐的先导，在攻灭北田氏的战斗中立下大功，被授予志摩国作为奖赏。

◀［织田氏家族徽］

织田氏是日本的大名氏族及战国时代末期最强的大名，安土时代日本实际统治者。

崛起于室町时代，进入战国时代后，织田信长成功统一织田氏并平定尾张国。

▲ [织田信长]

织田信长（1534 年 7 月 2 日—1582 年 6 月 21 日）出生于尾张国（今爱知县西部）胜幡城（一说那古野城），是活跃于日本安土桃山时代的战国大名。“日本战国三杰”之一（另外两个为丰臣秀吉和德川家康），将日本的战国乱世彻底打破。

天正二年（1574 年），在信长攻打本愿寺时，嘉隆带领铁甲船队粉碎了毛利辉元的水军。天正四年（1576 年）七月，织田方与毛利方负责运送兵粮的浦兵部的三岛水军（即以村上武吉为主的能岛、因岛、来岛三家村上氏）九百余艘军船发生激战，史称“难波冲海战”。原先，兵力处于劣势的织田方本想依靠己方大吨位军船比较多的优势，来封锁大阪湾海域。然而三岛水军靠小船的机动灵活，在敌群中往来穿梭，投射火箭以及土制的燃烧剂，遭到火攻的织田军大败。难波冲海战的惨败令织田信长震惊，他开始考虑建造一种外露铁甲，可以防止火攻的大船，于是命九鬼嘉隆设计制造铁船。

天正六年（1578）四月，嘉隆设计制造了日本最早的装甲军舰并投入战斗。嘉隆一共建造了铁甲船六艘，从鸟羽大凑出发，绕过纪州冲，驶

▲ [安宅船]

安宅船是约在日本战国时代开始出现的近海大型战船，传说其大者可达 50 米长、10 米宽以上，称为“大安宅”。

向大阪湾的海上封锁线。途中受到了杂贺谷轮门徒众船团的袭击，铁甲船轻松击退了敌人。七月十七日，船队到达了堺港。胜利后，九鬼舰队接受信长检阅。信长对新军船非常满意。

十一月六日，毛利方派出水军兵船六百艘，袭击了封锁海面的九鬼舰队，木津川海战爆发。毛利方水军对九鬼舰队的铁甲船勇敢地发动了进攻，但是其水军的火攻战术对铁甲船有如隔靴搔痒，很难取得成效。后来毛利方由于大将船被大炮击沉而败走。此战织田水军完胜。木津川海战胜利后，由于显赫的战功，嘉隆被授予伊势、志摩两国共三万五千石的封地，有“海上的秀吉”之称。这是九鬼嘉隆一生中最辉煌的时候。

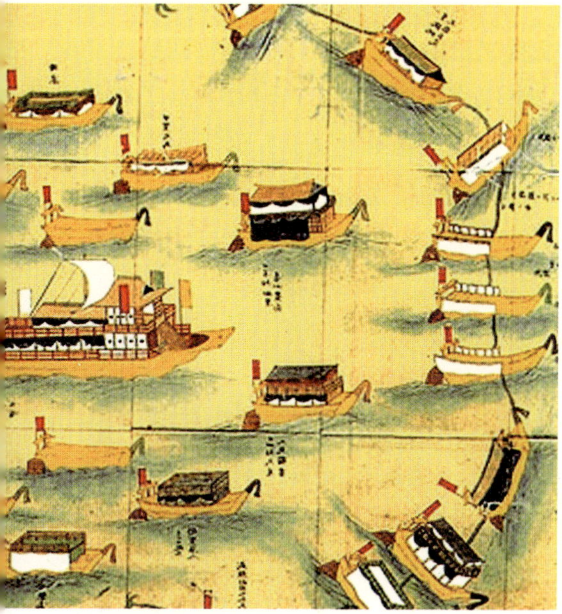

▲ [釜山海船栅栏图]

与朝鲜进行水战时，九鬼嘉隆建造了巨船“日本丸”，即上图中的大船，担任日本水军的先锋，与李舜臣开战。

成了丰臣氏水军的主力

信长身死本愿寺后，丰臣秀吉打败明智、柴田，压制了德川，成了新的霸主。九鬼嘉隆和毛利辉元先后臣服，成了丰臣氏水军的主力。嘉隆这个海贼大名掌握着从纪伊水道到伊势湾一带的广阔水域。

在侵略朝鲜期间，九鬼嘉隆设计制造了巨船“日本丸”，并且担任日本水军的先锋与朝鲜水军交战。在中朝联军的打击下，嘉隆惨败而归。恼羞成怒的秀吉强令嘉隆隐居并将家督之职传给其子守隆，还赐其五千石领地作为他的“隐居料”。

父子之战

庆长四年（1599 年），九鬼嘉隆与大名稻叶道通之间发生了争执，由于负责处理此事的德川家康的不公平裁决，导致嘉隆对家康怀恨在心。于是在庆长五年（1600 年）关原合战爆发时，嘉隆加入了西军，而其子守隆则加入东军。嘉隆趁着守隆所在的家康军远征会津的时候，突然夺取了九鬼家本城鸟羽城。但最后关原合战还是以东军的胜利而告终，在背后对儿子下黑手的嘉隆只能亡命逃往答志岛。

九鬼守隆在关原战役中立有大功，所以在战后处理敌将的会议上，守隆提出以自己的战功为代价免除其父的死罪，他派使者去向嘉隆报告，但是使者抵达答志岛时，九鬼嘉隆已经切腹自尽，享年 59 岁。

三岛水军

村上武吉

村上武吉（1533—1604年），出身于濑户内海上的能岛村上水军，是日本战国时期的海盗，统领能岛村上水军并长期依附毛利氏，成为毛利水军的中流砥柱。曾参与万历朝鲜战争，被朝鲜名将李舜臣击败。

▲［村上武吉画像］

村上武吉是能岛村上水军的头领，战时是相当活跃的海上机动部队，后加入毛利元就麾下，为严岛合战中毛利元就的胜利做出了相当大的贡献，被称为日本最强的海盗。

村上水军的历史十分悠久，由于濑户内海上的岛屿多半面积狭窄且土壤贫瘠，无法完全供给岛上居民的粮食，所以岛上居民便利用自己对水路的了解成为雄踞当地海域的一霸，他们设立私家海关对来往的船只收取帆别钱，也就是船上货物价格的十分之一，辅以走私、劫掠等海盗行为作为营生。后来村上水军分家，分成能岛、因岛、来岛三家，既各自发展又互相奥援。

家庭纷争　被迫流亡

由于武吉之父村上义忠早逝，还是幼童的武吉早早便卷入与异母兄弟益义争夺能岛家督宝座的风波之中，借助尼子家势力支持的村上益义打败了倚重大内家的武吉与叔父隆重，因此武吉被迫流亡至九州岛，想尽办法避开益义的追捕。

后来武吉的叔父隆重反攻成功，又将益义打败，武吉才得以再次回到能岛并继任成为新家督，当时武吉为了斩草除根，杀了弟弟益义。又鉴于村上三家同心同盟的传统，武吉为修补和来岛村上家的关系，决定以双方联姻来巩固两家盟约，于是便娶了来岛村上家当主村上通康之女为妻。

村上水军是日本南北朝时代到室町，战国时代在濑户内海活动的水军（海贼众）。势力据点是以芸予诸岛为中心的海域，之后大致分成能岛村上家、来岛村上家、因岛村上家。

村上武吉的隐居始末：

在入朝作战之前的1588年（天正16年），丰臣秀吉颁布海贼禁止令，其中不准再收帆别钱的条文，严重打击了村上水军的经济利益，村上武吉因强烈反对这项律法而被秀吉下令自尽，最后倚靠老上司小早川隆景在秀吉面前说情方免于一死，改为流放，从此之后武吉便隐居于长门大津，并写了《村上舟战要法》一书留传后世。

自继任为能岛村上家的家督后，武吉除了继续经营水军的老本行外，也将目标放远，积极推动海外贸易，与当时中国东南沿海地区也有来往。

易主毛利

1555 年 10 月 1 日，毛利元就的军队与陶晴贤军在严岛爆发大战，也就是历史上著名的“严岛合战”。开战前，双方都派出人员拉拢三岛村上水军，武吉经过考虑后决定帮助毛利家，但只答应援助毛利元就一天，到期自己就会撤军。仅有 3500 人的毛利军在雨夜中对总兵力两万余人的陶晴贤军进行奇袭，其中武吉率领的三百船队特别骁勇，击退了陶军的屋代岛水军，陶晴贤在混战中自刎而死。

严岛合战后，毛利元就和伊予河野氏正式结盟，将原来屋代岛水军白井氏的领地屋代岛给了来岛通康，而最早加盟毛利家的因岛村上吉充也得到了备后向岛，而战后同样帮助毛利家占领周防长门并封锁海路以擒抓大内义长的武吉只得到几个小岛，这使武吉对毛利家十分不满。

毛利元就死之前知道武吉将会是毛利家的麻烦，在毛利元就的遗命策划下，由三子小早川隆景率诸路水军围剿武吉的本城能岛城，本来要覆灭村上武吉对小早川隆景来说是易如反掌，但小早川隆景因惜村上武吉的勇武放弃了正面进攻，反而冒险单身上岛入城劝降，村上武吉佩服小早川隆景仁勇的气概，大为感动，从此忠心不二。

小早川隆景本为毛利氏，后来为了得到小早川家族的支持和力量，他改换姓氏，入嗣小早川家。

▲［日本的铁甲舰船］

所谓铁甲船，就是船体外包裹铁甲的战船，以当时的技术来说，全部用铁造的船会因为船体太重而沉没。九鬼嘉隆便决定在安宅船的船体外包裹铁甲来防止火攻，这不得不说是一个好的措施，当时他的铁甲船的全长是 30 ~ 40 米，60 支橹，配有 3 门大筒、24 门中筒和 68 门小筒，船体上也包有厚铁皮，铁炮的子弹打在铁甲船上也会反弹。传闻 7 艘铁甲船上大概有 5000 名乘员。这算得上是当时最强的军船了。

▲［小早川隆景画像］

小早川隆景是安土桃山时代的一名传奇大臣，在追随丰臣秀吉后战功显著，拥有着举足轻重的地位。他尽心尽力地辅佐丰臣秀吉，同时也获得了丰臣秀吉诸多的赏赐，其中也包括封地。

陶晴贤原名陶隆房，大内氏名将，被主公大内义隆称作“西国无双的侍大将”。后因主公大内义隆不理政事，沉醉于玩乐之中而发动政变杀死了主公，招致讨伐。他掌握大内家实权后，仍对毛利元就表示友好，不过毛利元就却采取消极的态度。

▲ [加藤嘉明雕像]

加藤嘉明是日本一名非常出色的水军将领，他曾经参加过多次战争，包括和朝鲜的战争，虽然并不是每次都会胜利，但是丰臣秀吉对他也是非常重视的，然而他后来在秀吉去世后加入了东军阵营成了家康一方的人员。

关原合战：交战双方为德川家康率领的东军以及石田三成等组成的西军。最终，在西军将领小早川秀秋叛变的情况下，这场战争在一天内即分出了胜负，德川家康取得了统治权，三年后成立德川幕府。

成败本津川

1576 年，村上武吉听从毛利辉元命令向本愿寺运送救援物资，与织田家的九鬼水军、安宅水军于本津川遭遇，村上水军依仗精熟的操舵技术和焙烙火使用一沾即走的烧夷战术大败织田水军，武吉声名大噪。但在两年后的 1578 年，同样在本津川，武吉的水军遭遇了使用铁甲船的织田水军，以往百战百胜的烧夷战术失去效果，武吉大败。

跟随丰臣秀吉入朝作战

统一日本的丰臣秀吉野心急速膨胀，以“假道入明”为由出兵朝鲜，三岛水军皆参战，村上武吉也带同儿子元吉一起随小早川隆景军出阵，但面临李舜臣的龟甲船，一切皆徒然，水军战线完败。

老来丧子

1598 年（庆长三年），关原合战时村上水军与毛利水军皆从属于西军，并由武吉的长子元吉担任大将，挥军直扑加藤嘉明的居城，道上投降的当地领民纷纷大骂加藤嘉明的苛政，使元吉认为自己顺民心出战必定胜利，而小看了名列“贱岳七本枪”的加藤嘉明，战败被杀。

老来丧子使村上武吉悲痛不已，而主公毛利家也因与德川家康敌对被减封至只剩周防长门两国，年事已高的武吉还是跟随辉元去周防，居住于大岛和田，三年后过世，享年七十二岁。

海上巨盗

曾一本

曾一本，明朝诏安人，漳、潮海盗横行时期的代表人物之一。原在吴平手下，吴平败走后，曾一本开始在潮州、雷州及琼州等地活动。

曾一本是诏安人，他生性狡诈、凶残，原是海盗吴平手下，吴平败走后他召集了一帮手下在潮州、雷州及琼州等地活动。隆庆元年（1567 年）二月他曾在潮州向总兵汤克宽请降，但到十月就又反叛了，还抓走了澄海知县，并焚杀潮州百姓。

隆庆二年（1568 年），曾一本率部从正面猛攻雷州，明军武备松弛，参将魏宗翰率战船仓促迎击，混战中，明军守备李茂才中炮而亡，官兵牺牲八百余人。海盗集团看明军如此不堪一击，信心大涨，几场战役下来，海盗团伙对南粤的政治中心广州形成合围之势。他们在北上广州途中，一路劫掠无数，当地官兵看到海盗来势汹汹，不但不同心抗敌，关键时刻还倒戈叛变，曾一本的势力在广东日渐坐大，他的眼光又投向了自己的老家——福建。

至此，明朝东南沿海告急，消息传到北京，满朝文武竟无一人想出克敌之法，偌大的帝国，居然因为小小海贼陷入空前慌乱之中。

▲［刘焘雕像］

刘焘是河北省沧州市刘辛庄人。明中叶抗倭戍边将领。戚继光曾在刘焘部下任参将。他不仅尚武而且崇文，有大量诗文传世。但是对于这样一位屡建奇功，特别是狠狠教训了倭寇的民族英雄，“历史似乎忘掉了他”，一些史书对刘焘的记载寥寥无几。

遭受海盗袭扰的百姓，发自内心地拥护平寇政策，福建总督刘焘带领军民造战舰 160 艘枕戈待旦，准备与曾一本大决战。隆庆三年六月初三，曾一本被俞大猷和李锡合击所败，但他趁天黑逃走，在该月的二十六日，被王沼生擒于莲澳，曾一本被捕后不久就病死了，死后被枭首示众。会剿曾一本也是明朝即郑和之后最大的海上作战行动。

一代海上霸王，就此命归尘土！

明代闽广海盗总首领

吴平

抗倭名将戚继光曾令无数倭寇闻风丧胆，然“犹惮（吴）平，平所设奇，皆与相当，号为劲敌”，此可见吴平的厉害之处。

▲［戚继光］

戚继光字元敬，号南塘，晚号孟诸，卒谥武毅。汉族，山东蓬莱人（一说祖籍安徽定远，生于山东济宁微山县鲁桥镇）。明朝抗倭名将，杰出的军事家、书法家、诗人、民族英雄。

吴平（？—1566年），福建诏安梅岭人，他自幼聪慧好兵，儿时与群童游戏，“即部署诸将，号令皆如法，群儿畏服之，往往多奇异”。长大后，吴平曾为家奴，因为无法忍受主人的虐待而跑去做海盗，加入倭寇，初为“别哨”，后来自立山头，发展了上万人，与倭寇互相勾结，横行闽粤交界处，劫掠了大批的金银珠宝。

与之同时的著名海盗头目林道乾、曾一本、许朝光等，皆骁勇善战，胆力过人，但他们的谋略不如吴平，自然就推举吴平为群盗之首。

吴平率领残部沿海向西逃

嘉靖二十六年（1557年），倭寇进犯沿海诸域，都是吴平引的路。1562年，倭寇在吴平引导下攻陷诏安悬钟城，杀死千户周华。在戚继光和俞大猷基本歼灭闽、广倭寇之后，独留吴平孤立，他降而复叛，召集众海盗，修造战船百余艘，

吴平的藏宝之地，至今流传着藏宝的谜语“潮涨淹不着，潮退淹三尺”，却无人能破译，遂成千古之谜。

◀［吴平寨］

吴平寨中有“吴平王”的故事，村民们对他的传奇故事津津乐道，比如他虽然身材短小，但相当精悍，“能在海里潜游七八里，从诏安游到南澳”——这些足以使他当好一名海盗，但还不足以成为海盗头领，成就他威名的是“有智略”。

四处掠劫，并攻击明军。此时，吴平的海盗集团，被明朝廷称为“广东巨寇”，朝廷派戚继光与俞大猷等名将水陆并进，清剿吴平。

不敌明军的吴平逃入闽粤交界的南澳岛，筑城立营，不断出掠沿海。1565年8月，戚家军（戚继光的军队）进至诏安地区。戚继光征用大批渔船，装石沉塞港口，对南澳岛实行封锁，切断吴平海上逃路，准备发起进攻。

戚继光选择离吴平老营约30里，海滩平坦、容易登陆的龙眼沙为突破点，分兵三路，同时登陆，每路又分冲锋正兵和策应奇兵，另设“老营”以督后阵。戚家军一边打击海盗，一边散播劝降檄文。

双管齐下的办法，让吴平党羽纷纷弃械投降，部队陷入混乱，加上俞大猷、汤克宽等分乘战船300余艘，戚、俞两军水、陆夹击南澳岛。吴平军仅有800残寇驾舟40艘出海而逃。之后，他率领残部沿海向西逃，经崖州奔往安南（今越南）。

南澳岛地处粤东海面，位于高雄—厦门—香港三大港口的中心点，濒临西太平洋国际主航线，北回归线横贯。

如今南澳岛深澳湾旁，有一个名为“吴平寨”的村庄。在中国漫长的海岸线上，这可能是唯一以海盗的名字命名的村庄。

▲ ［吴平妹妹的塑像］

紧挨着吴平寨的“金银岛”上有吴平妹妹的塑像，她左手拿剑，右手拿着元宝，是这个岛上的“护宝女神”。人们相信，摸一下“护宝女神”手中的元宝能给自己带来财运，他们不去理会传说中的故事——她正是不肯离开大批财宝，才死在此地的。

明军与安南助剿部队夹击吴平

嘉靖四十五年（1566年），明军与安南助剿部队夹击吴平于万桥山澳。当天适值日食，至傍晚时分，大风乍起，“明军纵火攻焚平所乘舟，平军大败，赴水死者无算，官兵生擒贼众及斩首共三百九十八人”。至此，横行闽、粤沿海的吴平海寇集团基本被剿灭。然而，吴平在此役中是死是逃，史籍说法不一，至今尚无定论，遂成迷案。

金子埋藏在哪

相传，吴平眼见朝廷不断发兵围剿，自知坚持不了太久，就将十多年来掠夺的财宝埋藏在南澳岛上。但这些金子埋藏在哪里？只有吴平和他妹妹知道。戚继光、俞大猷联军分水陆两路围剿吴平寨时，吴平见大势已去，便逃到海边杀死了不肯和他一起逃亡，一直守着18坛金银的胞妹，并将尸首碎成18块分埋于藏金的地方，随后夺舟逃出海去。

狼山镇遏使王郢造反于海上

王郢

唐末黄巢发动农民大起义时，以王郢为首的浙闽海盗响应起义，在海上反抗官府。

875年，王郢任狼山镇遏使，为镇海使赵隐属下，他和68员将领获得战功，但赵隐并未给他们相应物质奖励，只给他们加衔。王郢等人不满，随即发动兵变，以王郢为首，叛军很快扩大到一万人，他们攻占了苏州、常州，并建立舰队在镇海、浙东和福建肆意劫掠。

876年，唐僖宗任前严州刺史高杰为左骁卫将军，充沿海水军都知兵马使，率舰队对抗王郢，但高杰并未取胜。不久，王郢试图和温州刺史鲁寔谈判，假意投降。朝廷接受王郢的请求，但要求王郢放弃军队到长安朝见皇帝，再行任命。王郢没有前往，拖延了半年。随后，他又提出任望海镇遏使，被朝廷拒绝，朝廷任他为右率府率，并声称允许他保留劫掠所得的财物。

877年，王郢引诱鲁寔上船并将其擒住。朝廷闻讯，派江南招讨使宋皓率一万五千人讨伐王郢。反被王郢攻占望海，劫掠明州、台州，并攻占了台州，迫使刺史王葆撤退到唐兴。当王郢回到镇海劫掠时，新任节度使裴璩聚集军队，拒不迎战王郢，还悄悄诱降了王郢的部将朱实，封他为金吾将军。朱实率六七千人投降，王郢的部众开始散去。王郢退到明州，被甬桥镇遏使刘巨容射杀，王郢之乱就此平定。

唐僖宗李儇，曾封为晋王，懿宗病重时，宦官刘行深、韩文约为了便于控制皇帝，伪造遗诏立年仅12岁的李儇为太子。懿宗于公元874年7月病死，李儇继位，改年号为“乾符”。

僖宗继位后，专事游戏，朝廷政务，概委宦官田令孜处理，任免官员，都由田令孜决定而不必奏报皇帝。

镇遏使：指平定或制止叛乱的官员，出自于《宋书·刘锺传》。

▲［王郢］

滚海蛟

郑广

宋代，南东海洋为“海寇之渊薮”，海上“盗贼啸聚”，时常会发生海盗反乱事件，宋高宗绍兴五年正月，郑广与郑庆率众入海，自号滚海蛟（虾），横行福州、兴化。

绍兴六年（1136年）五月郑广率众攻广州扶婿镇，遭遇官兵袭击，遂转入南恩州。六月与宋沿海制置使水军统领严安雅及广州水军统领范德冲所部水军激战于新会三灶山。八月，他和郑庆率部投降，并补保义郎。绍兴十五年，他们参加了镇压福州陈小三海上起义军。

《晋江县志·海防志》载：宋绍兴二十六年，郑广率水军来属殿前左翼军，防卫晋江海道。

郑广“从良”后，多次参与打击海盗，官衔却十分卑微，为正九品保义郎。

一日，郑广到福州府衙参加聚会，满座官员齐聚一堂，准备汇报这半个月的工作情况。早会还未开始，官员们闲来无趣，或谈笑风生，或吟诗作赋，郑广是海盗出身，素来被官场众人瞧不起，这等吟诗雅事，自然要抛开这位大老粗。此时，已经见惯宋朝内部丑恶的郑广，终于一改平时郁郁寡欢、沉默少言的模样，愤然起立说：“我是个粗人，有一拙诗献给诸位，不知可否？”等众人安静下来，郑广大声吟道：“郑广有诗上众官，文武看来总一般。众官做官却做贼，郑广做贼却做官。”满座等看郑广笑话的官员一时惭愧得鸦雀无声。

▲《晋江县志·海防志》

这首打油诗非常简单粗陋地道出了南宋初期朝廷的腐败与黑暗。

保义郎属于小使臣之列，而小使臣是低级武官，保义郎属于正九品武官，宋朝的郎、将等属于官阶，相当于现在的军衔，保义郎为北宋武官第50阶，北宋武官总共有52阶，按照这级官阶的军职来算，相当于现在连长或者排长级别。

制置使：北宋不常置，掌筹划沿边军事。南宋设置渐多，掌本路诸州军事，多以安抚大使兼任，可便宜制置军事，有四川、江淮、京湖等制置使。其秩高望重者称制置大使。

海寇犯泉州

周旺一

周旺一是宋理宗时期横行福建的一支海盗首领，史称他“在海洋行动日久，所至官兵莫能擒戮”。

周旺一这支近千人的海盗武装势力，给广南与福建官府造成严重的威胁。

由于海盗在海上抢劫，番船不通，国库亏缺。同时广东的米运不到，福建的军民乏食，海疆不稳。广南、福建的海盗活动震撼了朝廷，为此朝廷急忙下令广东经略安抚司调遣摧锋水军，福建安抚司调发水军，两方联合围剿海盗。同时，朝廷又接连发下度牒十五道，责令泉州府修造船只，创立围头、宝盖等寨，修葺法石、永宁旧赛，添屯水军，增加石湖、增加水军名额，修理器甲、兵船，以御海盗。枢密院亦下札于福建安抚司与提刑司，在漳、泉二州和兴化军“严加措置”，整顿水军，添加战船，修理沿海诸寨设备，严防海盗作乱，攻剿海盗，肃清海道，以靖海疆。

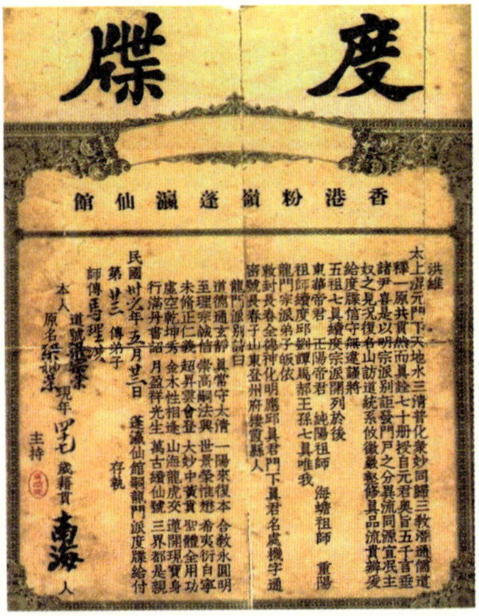

▲［度牒］
度牒是政府机构发给公度僧尼以证明其合法身份的凭证。

绍定五年（1232年）二月，周旺一带着部下侵入泉州，他们的船停泊在晋江县围头澳，被广东经略安抚司水军和福建安抚司水军，两方联合军拦截。周旺一的海盗船队边战边撤，逃向金门料罗湾，在那里被联合军包围，周旺一亲自带领八艘船、五百余部下，与朝廷的联合军大战，周旺一被击败，他与几位首领都被朝廷俘获，其船队也损失大半，其残余手下“出福建界，深入广东”。

爱看古迹保护文物的海盗

黎盛

黎盛是南宋时期活跃于广东的海盗，其事迹因尊敬文化、保护文物而流传下来，成为海盗中的侠盗。

黎盛是南宋初年活跃于广东的海盗头子，他和朱聪两人的海盗活动对潮州地区造成了严重破坏，黎盛甚至攻破了潮州外城，围城数月后扬长而去，而就是这样一位凶名在外的海盗在对待文化、文物方面却留下了一段美名。

南宋文学家洪迈在《夷坚志》卷十《贼敬东坡》中记载，南宋绍兴三年，即1133年，海盗黎盛攻陷潮州，在潮州城内四处纵火。黎盛登上了开元寺古塔，看到吴氏故居着火，问那边是不是苏东坡的藏书楼。得到肯定回答后，他迅速指挥部下救火，后来还料理了岁寒堂。建在藏书楼旁边的很多民房也因此都没有着火。

▲［苏轼白鹤故居］

东坡故居位于广东省惠州市惠州西湖孤山上，苏轼离开惠州后，惠州人民便在白鹤峰东坡故居建东坡祠，又陆续建朝云堂，德有邻堂、思无邪斋、浚朱池墨沼等。东坡故居（祠）抗战时被日寇飞机炸毁，故居内东坡井尚存，是北宋文豪苏轼（东坡）寓惠州的重要遗址。

岛寇作乱

大奚山徐绍夔

南宋宁宗庆元年间，广州大奚山列岛居民发动了反抗官府的武装斗争，时人称“岛寇作乱”。

大奚山位于广州东莞东南海大海中，是粤洋中路较为重要的岛屿。据《仓格军门志》记载，大奚山“居民不事农桑，不隶征徭，以鱼盐为生”。

南宋初年，朝廷于九龙湾一带设立官富场，管理当地产盐事务，为当时南海郡东莞县四大盐场之一。另一方面，邻近官富场的大奚山是徭民居住之地，以渔盐为业。虽然朝廷严禁私盐贩卖，但初时只采取怀柔政策，因而对打击私盐的收效不大。

宋孝宗淳熙十年（1183年）五月二十九日，皇帝下诏：“大奚山私盐大盛，令广东帅臣递送节次，已降指挥，常切督责弹压官并澳长等，严行禁约。”明令打击大奚山私盐，引起当地居民强烈不满，遂起叛乱之心。

官富场：是南宋朝廷在现今香港九龙东部一带所设的官方盐场，也是观塘区的名称由来。

提举茶盐：宋代官职名。仅在北宋末、南宋初短期存在。宣和七年二月，诏令改“提举盐香茶矾事”为“提举茶盐公事”。南宋绍兴五年（1135年），诏令常平司并入茶盐司，绍兴十五年，规范其主官名为“提举常平茶盐公事”。

南宋庆元三年（1197年），提举茶盐徐安国派人到大奚山捕私盐人，岛寇徐绍夔等人率众抗拒，“啸聚为盗”、“时贼势猖獗”，官府束手无策，官军无力讨捕。福建莆田人郑岳，向时任知广州的钱之望建议，奏请朝廷调动善于海战的福建延祥寨水军，攻剿大奚山岛寇。

南宋庆元四年（1198年）八月，朝廷差遣延祥将商容统领福建水军开赴广南，直指大奚山。最终在商容的指挥下，水军大破大奚山海盗船队，大奚山岛寇反乱平息。

◀［大奚山（今天大屿山）大佛］
宋朝时，大屿山和香港岛等岛屿合称为大奚山，大屿山亦称大溪山、大崳山、大鱼山、大渔山、大庾山、南头岛、烂头岛、屯门岛、大蚝山和大濠岛等。

山东海盗扰辽东

张清

宋南宁初年，山东是北上、南下的重要航海枢纽，海盗张清凭借此航道率领船队行驶到辽东，在金国腹地发动反抗斗争。

▲［张清画像］

宋代时，山东密州、登州、莱州等地，开辟了许多通往辽东的航线。山东作为南北水陆的交通枢纽，海南商船和蕃舶载货到达这里，再转运往辽东。作为靠海吃海的海盗，对这些航道是非常熟悉的，尤其到了南宋初年，这些航道成为了对抗金兵的重要战场。

绍兴元年（1131年），金兵渡河，山东义军统帅范温“率众驾船入海，据守福岛，每遇金贼，攘战获功”。义军在海上开辟了抗金战场，屡败金兵，义军立战功而补官者数百人。抗金的义军中，不仅有宋兵，还有海盗的支援。义军据守海岛，处于守势；而海盗张清则率领武装船队主动进击。

绍兴元年（1139年），张清率领船队直捣金国后方，在辽东燃起抗金烽火，据宇文懋昭《大金国志》记载：“山东海寇张清乘海船至辽东，诈称宋师，破蓟州。辽东士民及南宋被掳之人，多相率起兵应清者，辽东大扰。”

上文就是讲张清率领众海盗航海直捣辽东，破蓟州，他打出“宋师”的旗号，辽东士民及南宋被俘送到辽东的人纷纷起义响应，金国后院起火，沉重打击了金国统治集团。

可惜的是，张清未能利用有利的时机和形势，却匆忙“率众复归”，辽东反金武装起义随即被金国官兵扑灭。

在《水浒传》中也有个张清，他擅用飞石，曾连打梁山十五员战将。在梁山排第十六位，上应天捷星，担任马军八骠骑兼先锋使。征四寇时屡立战功。征方腊时战死于独松关，追封忠武郎。

民间还有一种说法：张清并未战死而是受了重伤，一直躲在百姓家中疗伤。伤愈后，梁山已经被灭，他就做了海盗，就是此文中的海盗张清。

反对舶司开展对外贸易

陈明甫

陈明甫，崖州（今三亚市）人，南宋鹿回头水寨寨主。早年在崖州郎凤岭下海边凿石为栏，栏围长数十丈，养殖玳瑁。

宋代，广南是对外交通贸易的重要港口城市，陈明甫和陈公发想借海上商道发横财，无奈朝廷设立市舶司垄断海上贸易，二陈刀口生胆，组织起一股武装力量在广南西路海上专抢官商货船。

他们以广南为据点发展船队，一方面保护附近私人船队自由贸易，一方面截击官船、外船。附近五十余村落均在其势力范围内，定期向他们纳税。

陈明甫、陈公发占据鹿回头等要塞及重要商贸港口，建立连珠寨，自号“三巴大王”，周边的所有海上事宜均需要他们的允可与配合。他们驾驶双头龙船，身穿朝服，用朝廷礼制。他们掠夺财物，贩卖人口，沿海人们无以宁息。他们经常“出没海岸”，并“敢于剿灭朝廷之舶货”，导致商贾胆怯不敢出海贸易，使诸司舶务殆为虚设。

当时官吏弹压黎酋，黎族百姓深受其害，二陈才能在其中将其与崖州各地百姓连成一片，令官军“不敢兴问”。咸淳六年（1270）春，海南黎民暴动，朝廷派遣钦州太守马成旺率军南征，马成旺后任琼州知府，派其子马抚机领兵至临川港，陈明甫以数十兵船迎战，后因退潮水涸，官兵攻入连珠寨，陈明甫先败走黄流，后逃往占城。不久又复回

▲［“鹿回头之源”石刻］

三亚被称为鹿城，“连珠寨”是临川黎族人陈明甫、陈公发为对抗朝廷而建立的，辖50余村镇，甚至与东南亚各国有商贸往来，拥有多艘渔船、商船、战船，也常袭击在南海过往的官船、商船。他们的大本营就设立在现今鹿回头半岛。

市舶司：中国在宋、元及明初在各海港设立的管理海上对外贸易的机构，相当于现在的海关，是中国古代管理对外贸易的机关。

▲［崖洲古城］

招兵造船，再与官军较量，经多次水战，寡不敌众，二陈率众开始逃亡生涯，其中陈公发在上江峒被生擒，陈明甫则在撤回南村后与孙儿一起被捕。

官府对陈明甫和陈公发毫不手软，二陈被捕后，遭到钩脊挂杆示众的刑罚，更为残酷的是继而对他们悬髻、窒吭、穿足、钉手、炮烙皮肤、削割体肉。可见朝廷对于陈明甫、陈公发两人的深恶痛绝。

二陈抗击官府，据港为基地，自建武装，招募人员，大规模进行民间自由贸易，在历史上尚属首次。

陈明甫、陈公发自咸淳三年（1267年）踞崖州临川镇为乱始，历经八年，于咸淳十年（1274年）终被马抚机率军剿灭。之后，海南岛虽仍有海盗出没，却再无如此之势。

《崖州志·卷二》记载："豪霸岭，城（现崖城镇）东一百一十里，临川港上，以土贼陈明甫父墓在此，得名。"当时陈明甫称雄一方，他的父亲亡故。他兄弟俩特地请来风水先生选择这座靠近临川港池的高山卜葬，后人因此称此山为"豪霸岭"。

元代海漕航运开拓者

朱清

元朝建都大都，京城的粮食需求量大，同时元朝初年还不断进行对外战争，也需要供应大量的军粮。这些粮食，主要取自江浙地区。至元十九年（1282年），元朝政府命罗璧、朱清、张碹等监造海船六十艘，招募漕丁漕夫，开辟海道运输。

朱清（1237—1303年），字澄叔，元崇明（今属上海市）姚刘沙人。幼年时期便跟随其母以捕鱼为业。家境贫寒，地位低下，被诋为“少年无赖”。后在富豪杨氏家当佣工。因不堪杨氏欺辱，愤恨之下，杀死杨氏。逃到海上，贩卖私盐，兼为海盗。

贩卖私盐，兼为海盗

一日，朱清贩私盐入吴淞江，到新华镇换米，遇张碹，两人相谈甚欢便结为兄弟，一起从事贩卖私盐等营生。

朱、张后被巡盐吏逮捕，押送到平江（今苏州）军狱，依法当死。提刑官洪起畏见二人才貌不凡，便上奏请求释放他们。“以吏部侍郎左选七资最下一等授之，为防海义民，隶提刑、节制水军。”但朱清、张碹被释放后，“仍镖掠为盗”。当地官兵追捕他们时，二人便扬帆入海，“引舟东行，三日夜，得沙门岛”。他们聚众数千人，海船五百艘，常年在海上活动，非常熟悉从通海到胶莱南北海道，府衙官兵对他们也是无可奈何。

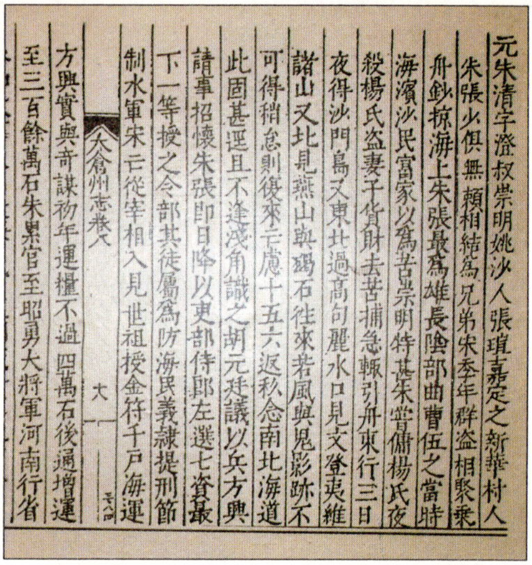
元朱清字澄叔崇明姚沙人張瑄嘉定之新華村人
朱張少俱無賴相結爲兄弟宋季年群盗相聚乘
舟鈔掠海上朱張最爲雄長陰部曲曹伍之當時
海濱沙民富家以爲苦崇明特甚朱嘗傭楊氏夜
殺楊氏盗妻子貨財去若捕急輙引舟東行三日
夜得沙門島又東北過高句麗水口見文登夷維
諸山又北見燕山與碣石往來若風與鬼影跡不
可得稍怠則復來亡慮十五六返私念南北海道
此固甚邇且不逢淺角識之胡元廷議以兵方興
請事招懷朱張即日降以吏部侍郎左選七資最
下一等授之令部其徒屬爲防海民義隸提刑節
制水軍宋亡從宰相入見世祖授金符千戶海運
太倉州志卷八　大
方興實與奇謀初年運糧不過四萬石後逾增運
至三百餘萬石朱累官至昭勇大將軍河南行省

▲ ［明嘉靖《太仓州志》中关于朱清的记载］

运河漕运，常因天旱水浅，河道淤塞不通，致使漕船不能如期到达。为了克服河运的困难和补助河运的不足，元朝统治者便对另一条漕运干线——海道，给予更大的重视。

建议朝廷由海上运粮

元初，江南地区的粮食主要通过运河运到大都。整条线路迂回曲折，时通时塞，严重影响了京都地区的粮食供应，致使元都经常出现粮食供应短缺的情况。

至元十九年（1282年），朱清和张碹建议朝廷由海道运输江南米粮。忽必烈采纳了二人的建议，任命朱、张为海上运粮万户，建造海船六十艘，专掌此事。从这年年底江南米粮就开始由海上运输到大都。

至元二十八年（1291年）朱清升为昭勇上将军、海道都漕运万户府万户，于是阖家移居太仓。

元贞二年（1296年），朱清升任河南参政、资善大夫。

大德三年（1299年），朱清升为大司农。元大德四年（1300年），又升任江南行省左丞，赐玉带。

“天下第一码头”

朱清在十多年的海运生涯中，因“海路险恶”，曾先后3次改变海运航道，充分利用信风、海流，使海运既确保安全，又便利快捷。特别是至元二十九年（1292年）他与殷明（《元史》、《明史》均作殷明略）一起“踏开生道”，即开辟海运新航路，自刘家港入海，至崇明三沙放洋，经佘山，进入万里长滩，过青水洋、黑水洋，转过成山，直达大沽，这要比以往的海道更为便捷。

“自浙西达京师，不过旬日”，“一岁之中，往返两运”。自从朱清开辟刘家港通往大沽的海道后，太仓南门刘家港顿时商船云集，“旧本墟落，居民鲜少”的穷乡成为“番反间处，闽广混居”的巨市，琉球、日本、高丽等国商船均进港贸易，号称“六国码头”、“天下第一码头”。

▲ [朱清，张瑄]
朱清，张瑄二人结为兄弟一起贩卖私盐，兼为海盗。

富甲一郡

朱清因从事海运，富贵显赫、权倾一时，其田地、房屋、粮仓遍布东南“八路十五州”。除了太仓的花园堂，苏州也有以朱、张命名的朱张巷（今郏长巷）。《吴郡续志稿》称，朱、张“两家第宅遍吴中，今朱张巷其故地也”，“主海运，富甲一郡，同营广厦于此”。郏者，相传朱清妻子姓郏。《析津志》中还记载，朱清、张瑄曾向元朝皇帝忽必烈表示“愿出家资以砖石包敷（大都）内外城墙”，其筑城的一片诚心，堪与数十年后的沈万三媲美。

实行海道运粮后，便利了江南地区粮食的北运；漕船返回时，又将北方的豆、谷和土特产品（梨、枣等）运载到南方，这对当时南北物资的交流起了一定的促进作用。但是，由于当时对海上气候的变化还不能有效地掌握，海道线路的情况也不够熟悉，因此，海道运输是十分艰险的。在风、雾和海盗的袭击下，每年都有大量的漕丁漕夫葬身海底，运粮船只大量沉没；粮食损失，平均每年以十多万石计。

浙东“海精”

方国珍

方国珍（1319—1374年），又名方谷珍，浙江台州黄岩人，其家族世代以浮海贩盐为业，有兄国馨、国璋，弟国瑛、国珉，方国珍排行老三，是元末明初浙东农民起义军领袖。

元朝末年，政治日益腐朽，民众不堪压迫，加上当时灾害多，民不聊生。陶宗仪辑有浙东民谣曰：“天高皇帝远，民少相公多；一日三遍打，不反待如何；”台州也有“洋屿青，出海精”的谣谚，“洋屿”，就是洋屿山；“海精”指方国珍。

年青时期的方国珍，身材极为高大，面色比较黑，但是身体却极白，白得像瓠一样，平常喜欢跟人赛马，他都能取得胜利。方国珍的家庭世代以海上贩卖私盐为生，到了他这一代，家中有5个兄弟，至少劳动力还较为充足。

当时的方国珍还没想着要造反，只是在浙江地区有个叫蔡乱头的人，他在海上当海盗，经常打劫别人的财物，致使官兵去抓捕他。正当此时，方国珍的仇家为了陷害他，就告知官府说他跟这些海盗有联系，于是方国珍就把仇家给杀了，带着自己兄弟逃亡海上。

方国珍到了海上之后，聚集了数千人，在海上抢劫财物，独霸一片海域。行省参政朵儿只班率军讨伐，不料被方国珍打败，并且本人被俘。方国珍没有

▲［方国珍像］

杀他，而是逼迫他向朝廷请命，授予他定海尉一职。但是没过多久，他就起义攻打温州。方国珍起兵反元，比刘福通、郭子兴等都要早。

方国珍为人反复无常，性情狡诈，对元朝时降时叛，让朝廷焦头烂额，而他也在一次次试探中不断扩大地盘，最后据有庆元、温、台等地，势力浩大。但他又没有太大的野心，有个叫张子善

▲ ［明代福船］

福船，亦称“大福船”，是一种尖底海船，以行驶于南洋和远海著称。也是明代一种巨型战船。古代福船高大如楼，底尖上阔，首尾高昂，两侧有护板。全船分四层，下层装土石压舱，二层住兵士，三层是主要操作场所，上层是作战场所，居高临下，弓箭火炮向下发射，往往能克敌制胜。福船首部高昂，又有坚硬的冲击装置，乘风下压能犁沉敌船，多用船力取胜。福船吃水四米，是深海优良战舰。

福船特有的双舵设计，在浅海和深海都能进退自如，宝船是商人和海盗们对超大型福船的通称，这种船适合近海贸易，载人和载货量均是一流，船体宽大结实，百叶窗一样的木质船帆可以使用很多年不换。前进速度慢而稳，通常用来运载瓷器等易碎物品，只有泉州到吕宋之间海盗较少的海面上，这种船才出现。

的人，喜爱纵横之术，曾劝方国珍率军溯江而上，窥视江东，北夺青、徐、辽海。方国珍回答说：“我还没有这么大的志向。”

方国珍对朱元璋及其他反元势力，不冒犯但也不容别人冒犯。后来局势渐渐明朗，朱元璋称帝，势必是要将方国珍所拥有的地盘给收回的，但是方国珍不听人劝扩大势力，也不听人建议将地盘交给朱元璋，还勾连陈友谅，首尾两端，这惹火了朱元璋，率领大军攻打方国珍，后来他守不住了，只好往海上逃。

朱元璋也并不是一个善类，方国珍逃到哪里，他就追到哪里，一心想要灭了方国珍，还好方国珍手下聪明，建议他写信给朱元璋，将他们两个的关系比喻成父子之情。父打子，子打不过，只能逃了。比喻得恰到好处，这才让朱元璋消了灭他之心。方国珍最后授命为广西行省左丞，只享俸禄不上任办差，于56岁时死于南京，这事在《明史·方国珍传》中也有记录。

有史以来悬赏最高的海盗

陈祖义

陈祖义，是明初著名的海盗首领，其祖籍广东潮州，明朝洪武年间，曾盘踞在马六甲十几年，最鼎盛时手下超过万人，后又成为渤林邦国国王，和郑和在巨港大战后被俘，后被明成祖下令斩首示众。

▲ [陈祖义剧照]
陈祖义是明初著名的海盗头目，在永乐年间，郑和将陈祖义抓捕回明朝，被明成祖下令斩首示众。

陈祖义是明初最著名的海盗首领，其祖籍广东潮州，明朝洪武年间，全家逃到南洋入海为盗。他曾盘踞马六甲十几年，成为世界最大的海盗集团头目之一，其手下成员最鼎盛时期超过万人。主要活动在日本、我国台湾、南海、印度洋等地。陈祖义劫掠超过万艘以上的过往船只，攻陷过五十多座沿海城镇，南洋一些国家甚至向其纳贡。明太祖朱元璋曾悬赏50万两白银捉拿他，一直未能成事，到了永乐时期的悬赏金竟然达到750万两（当时明朝政府每年的收入也仅仅1100万两），这使陈祖义成为有史以来悬赏金最高的通缉犯。

“海盗王”陈祖义后来跑到三佛齐（今印度尼西亚的巨港一带）的渤林邦国，在国王麻那者巫里手下当上了大将。国王死后，他召集了一批海盗，干脆自立为王，成为了渤林邦国的国王，完成了从海盗到帝王的华丽转身。这样的成就，恐怕在世界海盗史上也是绝无仅有的。

陈祖义当上国王之后，还一度向大明帝国纳贡称臣，可很多贡品并不是在本国港口准备好的，而是空船出发，一路抢，抢到什么送什么。回国的时候，他也不落空，又是一路抢回去。最让永乐皇帝受不了的是，他不但抢西洋诸小国的船，连明朝的使船也抢。而且，实行的是三光政策，抢光、杀光、烧光。据《瀛涯胜览旧港记》记载，陈祖义为人“甚是豪横，凡有经过客人船只，辄便劫夺财物”。

1407年，第一次下西洋的郑和船队在回航时抵达旧港（现印尼的巨港）。陈祖义认定郑和的船队“有宝物”在船上，于是派人向郑和表示他想投诚，其实陈祖义是想诈降，然后一举抢夺郑和的船队。虽说陈祖义的人数和船只数量都不

◀［郑和宝船］

公元1405—1433年间，郑和七次下西洋乘坐的宝船。其长达140米，宽达60米，船队有大小船只200余艘。郑和宝船的主战武器为火炮。这样行动迅速的巨型战舰，外加杀伤力极强的火炮，在当时的世界海洋上难有对手。

及郑和，但他鼓动部下说：“明朝的船队虽众，但操船者初涉远洋，大多为河塘之师；明朝的船虽大，但行动迟缓，且不熟地形；明朝的水师虽强，但多年未战，骄兵，且以马步兵为主。”

更重要的是，陈祖义根本瞧不起郑和：太监算什么东西呀，而且这个太监还是靠陆战出名的。陈祖义没有料到，郑和对陈祖义早有提防，因为郑和船队经过占城以后，一路上听到的都是对陈祖义的投诉。更重要的是，陈祖义的阴谋被旧港一个叫施进卿的中国人知道了，他把消息告诉了郑和。郑和将计就计，命令船队准备应战。

陈祖义率众海盗来袭时，郑和早有准备，他用火攻烧毁海盗船，杀海盗5000余人，烧毁敌船10艘，缴获7艘，并将陈祖义活捉。此次战后，“海道由此而清宁，番人赖之以安业”。

永乐五年（1407年）九月，郑和回国，并把陈祖义押回朝廷，皇帝朱棣下令当着各国使者的面杀掉了陈祖义，并斩首示众，警示他人。

▲［银币－郑和］

郑和（1371—1433年），明朝太监，原姓马，名和，小名三宝，又作三保，云南昆阳（今晋宁昆阳街道）宝山乡知代村人，明代著名航海家、外交家。

郑和七下西洋，除了几次小规模的陆上摩擦外，遭遇的真正海战只有一次：巨港海战，对手就是海盗头子陈祖义。

镇海威武王

蔡牵

蔡牵是清代乾隆年间的大海盗，横行海上有15年之久，他的性格复杂，既有凶残的一面，同时又会知恩图报，甚至会做些劫富济贫的事。

▲［蔡牵］

蔡牵（1761—1809年），福建同安人。家境贫寒，幼丧父母。乾隆五十九年（1794年）因饥荒而下海为盗寇，其船帮驰骋于闽、浙、粤海面，劫船越货，封锁航道，收“出洋税”。蔡牵在海上设立关卡，以高价出售旗帜，凡挂有蔡牵旗帜的往来船只，则不受劫掠，甚至还能受到蔡牵的保护。因旗帜的价格高昂，几乎与劫掠无异，因此海上生意萧条，不少海商见风头不妙，都转行做陆上生意了。

商人黄旭斋出海不久便被蔡牵的部众截获，财帛尽被掳掠，黄旭斋也陷于贼中，被绑在了船桅上，动弹不得。这时被蔡牵看到，下令放了他，同时赠送了通行的令旗。原来，有一次蔡牵被官兵追击，逃难过程中化装为乞丐，因为出逃得匆忙没钱吃饭，黄旭斋见其可怜施舍了他一些饭菜。这次重逢蔡牵当然要答谢黄旭斋。据说之后黄旭斋因为有蔡牵令旗，在海上贸易通行无阻，成了一个巨商。

百姓是这样形容的：黄旭斋家累亿万，一时豪奢无比，黄家飞檐斗拱的大宅，深宅层层叠叠，不见尽头，一般百姓不得窥，走过门前时，也会遭到其家丁的驱赶，家中的猪圈里，饲养的母猪也随着主人阔气了起来，主人命人给母猪打了金耳环，猪圈里环佩叮当，泼天的富贵，王侯之家也难与之比肩。

▲［蔡牵制作的海盗令旗］

▲［李长庚追击蔡牵］

“你这双贼眼真好！”

清嘉庆六年（1801 年），蔡牵部驻扎于霞关北关岛。一日，蔡牵大船停泊于霞关港避风，随同的还有他妻子郑氏，郑氏在船舱里掉了一根绣花针，由于光线很差，半天都没找着，便唤蔡牵过来帮忙。没想到蔡牵一眼就看到了，郑氏顺口说了一句：“你这双贼眼真好！”这句话在闽南语里并没有损人的意思，但蔡牵为匪多年，最忌讳这个“贼”字。他勃然大怒，抽刀便向郑氏的脖子砍去。由于用力过猛，郑氏整个脑袋飞了起来，穿过窗口掉到海里。

蔡牵这个人脾气来得急去得也快，不久就后悔了，他派人打捞郑氏的脑袋却怎么也找不着。万般无奈之下，只得叫高手匠人配上个黄金人头下葬。据说郑氏的墓地在北关岛王沙宫附近的海底。

清朝嘉庆皇帝一生未曾到过台湾，然而却在世上流传着他来台游历的各种传奇故事，因为他重用台湾人王得禄剿灭了危害台湾海域十几年的大海盗蔡牵，带来了沿海百姓安宁的生活，他曾提拔王得禄为福建水师提督；谕令设置噶玛兰厅，让孩子能够就近入学考学；关注台湾吏治、整顿养廉；兴学、加开科举考试等。

看戏不收钱还能拿钱

每年冬季在老平阳一带常有演“还冬戏”（百姓为祈福，特请戏班演戏以祭神灵）这一习俗，霞关一带也不例外。一次，蔡牵为顺民心同时也为战事庆功，便特请老平阳一越剧戏班来唱戏，戏共唱三天，开戏和结戏习俗皆按霞关当地祭神祈福仪式进行。为解决民众看戏需渡轮的困难，蔡牵特令麾下战船九十九艘头尾相连构成浮桥，从南坪乡深湾岙口直接到北关岛。去岛上看戏不必渡轮，看戏也不收票，同时还可获得一锭银两。

传说中蔡牵把所有的财宝都换成了乌金砖，带到嵛山岛，砌成了一口井。他死后，有路过的商船火灶坏了，船夫上岸打水时，顺手取了两块砖回去砌灶头，结果被船老大看出了端倪。当晚就把整个井的砖头全部拆回了船上，起锚而去，不知所踪。

海盗的神秘传说，后来被一个日本人记录了下来。

▲ [建盖大小担山寨城记略]

位于厦门大学建南大礼堂南侧四柱石构亭内，碑、亭系闽浙总督玉德建于清嘉庆八年（1803年）立，面向大小担海域。花岗岩碑弧首，碑额镌楷书“建盖大小担山寨城记略”。碑身周边浮雕云鹤仙子、花叶卷浪等纹饰。碑文作直行楷书，含题款共11行计286字，载述嘉庆七年蔡牵海上武装集团攻袭大小担清军防地及而后为加强防务由厦门行商捐款建盖大小担山寨城的经过情况，落款“嘉庆八年岁次癸亥总督闽浙使者长白玉德记”。石碑背面镌刻捐款的官员姓名和厦门行商字号及捐款数额等。

▲ [黄旭斋的住宅]

鼓浪屿黄氏始祖黄旭斋的住宅，因为其子黄昆石曾为中宪大夫，所以这里也被称为“大夫第”。大夫第是闽南地区的典型建筑，有“鼓浪屿第一老宅”之称。老宅是一座二落燕尾式四合院（“落”在闽南语中即“层”的意思，但这个“层”却不是向上的楼层，而是内进层，有“层叠”的层之意），四合院两侧是护厝，由狭长的天井和水廊连接，通风阴凉。房屋采用实心砖或空斗砖拼砌图案作为朴实无华的外墙体，房内则是绚丽多彩、别致秀美的透雕花饰，充分体现了闽南地区民居建筑的传统艺术风格。

攻厦门海口的大小担山

嘉庆七年（1802年），蔡牵率船队攻厦门海口的大小担山，500余众登岸，夺炮13门。

清廷命浙江水师提督李长庚赴闽造大舰30艘，铸炮400余门准备和海盗交战。于次年初，蔡牵在浙江普陀海面遭李长庚袭击，败退福建海面，仅余船24艘，处境不利，遂向闽浙总督玉德诈降，又用厚金贿赂闽商，造巨艇，恢复作战能力。朝廷一直在派兵围剿，都没能把这股海盗歼灭。

嘉庆十三年（1808年），蔡牵举起反清复明的旗号，率领船只攻打台湾，占据沪尾（今台北县淡水镇），奉明正朔，建元“光明”，祭告天地，散札设官，自称“镇海威武王”，威胁到艋舺（今台北龙山区）、府城（今台南市）一带，全台为之震动。

清朝政府见形势严重，命令闽浙水师提督王得禄、浙江提督邱良功，集两省兵舰，入台征剿。蔡牵战败退走，王得禄督师穷追不舍。

蔡牵的坐船驶到温州的黑水洋，船底漏水，无法逃脱。他不愿投降，就引炮把自己的坐船炸沉，与妻小及部众250余人沉船而死。

东汉青州海贼

管亥

管亥为东汉末年青州长广郡地方豪强，是东汉末年黄巾起义军的将领。家有徒众三千家，和钜鹿张角一样，是典型的东汉地方小豪强，信奉汉末民间宗教天师道。

管亥是东汉末年黄巾起义军的将领。

黄巾起义被平定后，天师道仍旧在民间有很强的号召力，并且有很多黄巾余众趁着董卓与关东牧守之间的战争之机再度以黑山、白波、大贤等名号割据一方，管亥便趁机控制了其族所在之青州长广，并且在崂山东北的管彦岛拥有“海贼基地”。

▲ [青州古城南城门]

传说大禹治水后，按照山川河流的走向，把全国划分为青、徐、扬、荆、豫、冀、兖、雍、梁九州，青州是其中之一。中国最古老的地理著作《尚书·禹贡》中称“海岱惟青州”。海即渤海，岱即泰山。据《周礼》记载“正东曰青州”，并注释说：“盖以土居少阳，其色为青，故曰青州。”

青州作为幽州、冀州、兖州、徐州之间的要冲孔道，先后或同时被公孙瓒、袁绍、曹操等在袁绍与公孙瓒之争及袁绍与曹操之争中分割控制。管亥在与黑山张燕会师的企图被公孙瓒挫败后，便借用这种局势，在长广割据了十年左右。

官渡之战后，长广太守何夔一直作为曹操集团的代表抚绥管亥，直到彻底消灭青州袁谭、并州高干以及屡屡反叛的昌豨之后（206 年），曹操才亲帅张郃、乐进、李典将管亥赶出长广陆地，管亥最终退守管彦岛。

在小说《三国演义》中，孔融屯兵都昌时，管亥率军围攻孔融，曾经一回合斩杀孔融的大将宗宝，孔融派太史慈前去向刘备求救，管亥与关羽大战数十回合后被斩。

飞龙人主

张琏

张琏，明朝嘉靖年间潮州府饶平人，号石琚，谥英烈。“飞龙”国开国君主，起义军领袖，起义失败后南下攻取今苏门答腊自立为王。

▲ [张琏]

明朝嘉靖年间是一个比较荒谬的时代，掌握国家最高权力的嘉靖皇帝一面沉迷于修道养生，一面又牢牢掌控着国家的大权，却不认真施政，而是倚靠大奸臣严嵩为其打理国家大事。

罢职回家

张琏出身贫寒，世代佃耕，少年时曾到山野牧牛，数年后在家乡附近的西岩山书斋场读书与练武。他天性聪颖机敏，为人任侠好义，深得同伴拥戴。张琏成年后，曾任饶平县库吏，眼看官府对农民的欺凌盘剥，他心中愤怒不满，常与上司作对，被罢职回家。

白扇会起义

张琏赋闲时，与大埔郑八、萧晚秘密成立了反抗官府的组织，参加者以手

◀ [严嵩雕像]

明朝著名的权臣，擅专国政达20年之久，累进吏部尚书，谨身殿大学士、少傅兼太子太师，少师、华盖殿大学士。63岁拜相入阁。严嵩书法造诣深，擅长写青词（实为他人代笔）。

传说张琏是“泥鳅精”，出生时适逢饶平“地牛换肩”发生地震，今乌石村的胡鳅穴，水漫胡鳅出，跃出的泥鳅像鲶鱼，长长的须，尾鳍上又有个圆形印纹。“胡鳅转世”的张琏有很多传奇故事，除了“张琏称帝”、“泥鳅精”外，还有“乌石埔十八花缸银”、“张琏赶石”等。

▲［飞龙庙］

据考，明嘉靖年间就有以祭祀礼仪为主要特征的潮剧广场戏，饶平民众为纪念起义失败的“飞龙人主”张琏，在饶洋镇乌石村建飞龙庙，每年六月初六演剧祭祀（《明史·阮通志》）。

持白扇为号，故称白扇会。嘉靖三十七年（1558年），郑八、张琏等率白扇会起义军攻打湖雷，后从县南退走，郑八战死后，张琏成为义军首领。他效法前人，事先刻了一个有“飞龙传国之宝”字样的石玺，投于四方塘中，然后在晚间洗澡游泳时当众捞起，号召众人顺应天意，参加他的队伍。

定国号为“飞龙”

嘉靖三十九年（1560年）初，张琏的起义军已发展成为数以万计的队伍，他在乌石埔筑围城作大本营，于张巷田建“朱城黄屋”作为宫殿，周围依山筑数百小寨环列，驻军守卫。此后，附从者益众，队伍扩展到十余万，声势浩大。同年五月，张琏索性在饶平、平和、大埔三县交界的柏嵩关举行歃盟仪式，自称为“飞龙人主”，定国号为“飞龙”。他提出“等贵贱，均贫富”的主张，震动了明朝廷。

张琏寡不敌众

明朝派遣都督刘显、参将俞大猷率官兵二十万分六路围剿张琏起义军。俞大猷便自带一万五千名兵将，秘密急行军至柏嵩关，对张巷田“朱城黄屋”进行声势浩大的进攻。但留守的义军凭着险要的地势及顽强的斗志，使俞大猷一时难以攻下。率兵在外的张琏，闻报大本营受困，急忙回师救援。

俞大猷后来用火攻之计将“朱城黄屋”留守的起义军烧死杀死无数，当张琏赶到柏嵩关时，大本营已失，遂以疲劳之师与俞大猷所率之官兵决战。

各路官兵闻讯先后前来助战，结果张琏寡不敌众，义军阵亡一千余人，大败而退，撤兵至南靖县。

继续对抗明朝政府

后来张琏率余部由云霄河引航出海，联合海上武装力量，继续对抗明朝政府。以后更是辗转南下，夺占了三佛齐岛（今苏门答腊），自立为三佛齐国王，占有旧港、柔佛、马六甲等地，垦殖为渔，称番舶长，漳州人和泉州人及海外华裔移民均依附于他。

张琏作为明朝的子民，因为不满政府官员腐败而走上举事起义的道路，虽然失败了，最后却在南洋建立起自己的势力。张琏用实际行动践行了自己的反抗精神和开拓精神，他凭借自己的聪明才智不但在大明朝掀起了风雨，还在三佛齐创建了华人的家园，可谓名副其实的能人。

三佛齐发源于现代苏门答腊岛上的巨港附近，是东南亚印度化古国之一。三佛齐的建国时代不详，只知道7世纪开始到中国进贡。三佛齐位于马六甲海峡南端，地理位置优越，成为当时马来群岛的香料贸易中心。其经济力量雄厚，又是当时东南亚佛教的中心，为当时东南亚的强国。

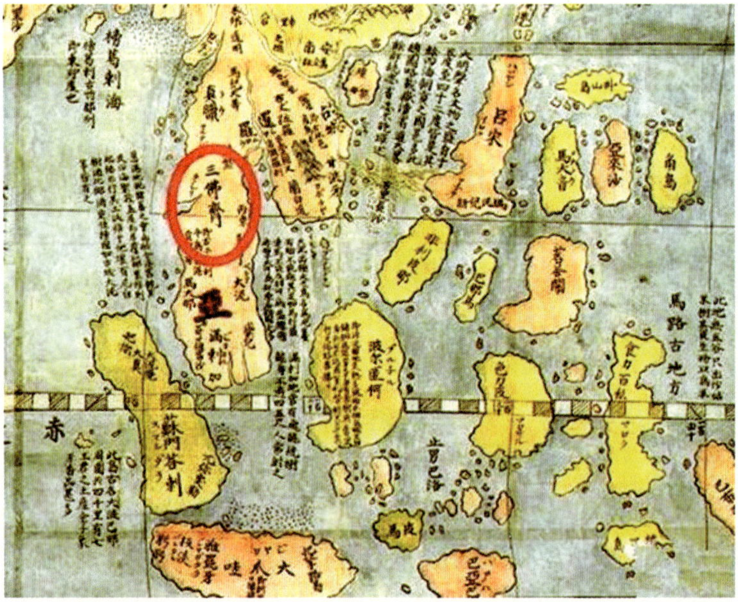

［三佛齐］
当地人民风剽悍，擅长水战和陆战，曾以此称雄东南亚诸国。

海寇之雄

黄萧养

黄萧养，原名懋松，顺德人。明正统十四年（1449 年）率众起义，攻佛山，围广州，自立为“顺民天王”，建元“东阳”，册封文武官员，队伍发展至 10 余万人，次年，被朝廷调集精兵围歼，起义失败，黄萧养阵亡。

▲［萧养石——著石岭南画派画家关山月的石题词］

民间传说：一只白天鹅从白鹅潭飞起，驮走黄萧养，自此为仙。萧养石是为了纪念黄萧养。

镇压“黄萧养之乱”后，朝廷感到有必要加强对“南蛮人”的管制，遂在珠江地区增设两县，南置顺德，北置从化。一顺一从，一德一化。

暴动越狱

明正统十一年（1446 年），珠江三角洲的南海、顺德一带洪水为患，农田失收，但税赋不减，人民生活困苦不堪。黄萧养遂带头抗粮抗税，痛殴抢占沙田的土霸，结果吃了一场人命官司，被捕入狱。

后因逢大赦出狱，他便流落到沿海各贸易集市为贩运私盐商当佣工，参与了武装走私，并结识了许多豪杰。当时，由于海禁森严，黄萧养以“盗嫌”之名再度入狱，定了死罪。

黄萧养智术过人，并不坐以待毙，他想办法联络在押难友，伺机越狱。

明正统十四年（1449 年）三月初八深夜，黄萧养和事先串联好的 19 位难友利用利斧砍开囚械，打开牢门，狱中 170 名重囚暴动越狱。暴动队伍奔至军械局夺取武器，撞开东城门，登上预泊在河边的船只，扬帆出海。

祭旗起义，自号“天威将军”

两个月后，黄萧养又回乡招兵起义，准备进攻广州。6 月中，黄萧养在南海县冲鹤堡横岗二龙山前（今顺德勒流镇龙眼村内）祭旗起义，自号“天威将军”。8 月中旬，黄萧养开始执行“拜佛（山）劏羊（城）”的军事行动。

黄萧养落水而死后，朝廷使尽办法打捞他的尸体，可无论如何都找不着，于是便有了他坐鹤升天的说法。

27日，黄萧养亲率300艘战船，从苇涌直插广州，沿途官兵节节败退，起义军声势大振，队伍不断扩大，直抵广州城下。他指挥水军进军南门，陆路则进军西关，形成水陆夹击之势，将广州城围得水泄不通。

活捉王清，全歼其军

广州城内的官军不敢应战，派人向朝廷十万火急告急，紧闭城门死守待援。明朝都指挥使王清奉命由高州统帅200余艘战船和5000军队驰援广州，但船至沙角尾搁浅。预先设伏在此的义军驾着装载柴、米、油、盐的小艇，扮成“小商船”驶向王清所部，乘其不备，埋伏在柴堆中的义军冲上大船，活捉王清，全歼其军，义军继续围困广州。

建立“大东国”

黄萧养从战役中夺得许多军械，义军队伍发展到10万人，拥有战船1000余艘。10月，黄萧养在大良建都，以广州城南五羊驿（今南关清水濠街处）为行宫，建立“大东国”，自封为“顺民天王”，改元“东阳”，分封文武官员100多人。起义军以漱珠岗附近原南汉离宫为指挥所，赶造吕公车、云梯等器械抓紧攻城准备。

▲［粤剧－黄萧养走珠江］

军群龙无首，终告全军覆没

广州被围三个月之余不解，告急文书纷飞至京师，即位不久的景泰帝大为震惊，除调集广东各地官兵，还命都督同知董兴为左副总兵，调广西“狼兵”（广西溪峒士兵）策应，又调江西、南京各2000军队驰赴广东，由董兴统帅，还命侍郎孟鉴赞理军务，右佥都御史杨信民巡抚广东。

两军在广州白鹅潭水域交战，双方激战五昼夜，黄萧养始终身先士卒，“不避矢石”，勇猛异常，在血战中不幸“中流矢死”，他死后，义军群龙无首，终告全军覆没。

广东流传着两首同黄萧养有关的民谣：“大石沉底，白鹅浮游。三十年后，萧养回头。”“九牛浮水面，萧养转回头。”

传说在战斗中，两只经常在白鹅潭江面随意游弋、时隐时现，被视为“神鹅”的大白鹅竟然为黄萧养战船引航导路。因寡不敌众，这场轰轰烈烈的农民起义还是被明军镇压下去，黄萧养战死。然而在民间，则传说当他撤退到珠江边，在“前无去路，后有追兵”的紧急关头，两只美丽的大白鹅从江心浮出，游至江边，伸颈拍翼背着黄萧养向江心游去，消失在茫茫迷雾中。

◀［广州白鹅潭白鹅雕塑］